gardez ! verlag

PHILOSOPHIE IM KONTEXT
Interdisziplinäre Studien

Herausgegeben von
Stephan Grätzel

Band 1

Gardez! Verlag
St. Augustin

Stephan Grätzel

Utopie und Ekstase

Vernunftoffenheit in den Humanwissenschaften

Gardez! Verlag
St. Augustin

Die Deutsche Bibliothek - CIP-Einheitsaufnahme

Grätzel, Stephan:
Utopie und Ekstase : Vernunftoffenheit in den Humanwissenschaften /
Stephan Grätzel. - St. Augustin : Gardez!-Verl., 1997
  (Philosophie im Kontext ; Bd. 1)
  ISBN 3-928624-63-6

© 1997 Michael Itschert Gardez! Verlag,
Meisenweg 2, 53757 St. Augustin,
Tel. 0 22 41/34 37 10, Fax 0 22 41/34 37 11,
E-Mail: gardez@pobox.com,
Homepage: URL: http://pobox.com/~gardez.
Alle Rechte vorbehalten.

Das Werk einschließlich aller seiner Teile ist urheberrechtlich geschützt.
Jede Verwertung außerhalb der engen Grenzen des Urheberrechtsgesetzes ist
ohne Zustimmung des Verlages unzulässig und strafbar. Dies gilt
insbesondere für Vervielfältigungen, Übersetzungen, Mikroverfilmungen
und die Einspeicherung und Verarbeitung in elektronischen Systemen.

Printed in Germany.

ISBN 3-928624-63-6

Nous voudrions nous suffire: nous ne le pouvons pas
(Maurice Blondel, L'action)

Im Gedenken an Rudolf Malter

Inhalt:

Vorwort 9

Einleitung: Die Fragwürdigkeit der Existenz 13

I. Konzeptionen von Ekstase und Utopie 18

    1. Die Fremde als Ort des Wissens 18
    2. Die Schwellen zum utopischen Ort 19
    3. Die utopische Verfassung der Existenz 22
    4. Ekstase und Vernunft 29
    5. Ekstasen des Verstehens 33

II. Ekstasen des Sich-wissens 42
    A. Die Bezüge auf das Ganze 42
        1. Der ekstatische Bezug zum Leben 42
        2. Der ekstatische Bezug zum Tod 52

    B. Die Bezüge auf das Unfaßbare der Utopie 59
        1. Die Ekstase der Verzweiflung 59
        2. Die Symbole der Verzweiflung 63
        3. Die Ekstase der Ehrfurcht 67
        4. Die Ekstase des Grundes 70
        5. Die Ekstase der Bewunderung 73
            a) Eros 73
            b) Spiel 76
            c) Ernst 83

III. Ekstasen der Begegnung 90
    A. Die allgemeinen Formen der Begegnung 90
        1. Transzendenz 90
        2. Dialog 95

B. Die konkreten Formen der Begegnung 101
  1. Exzeß 101
  2. Scham 110
  3. Pathos 119
  4. Sucht 125
  5. Liebe 129

IV. Annäherungen an die Utopie 142
  1. Die konkrete Utopie 142
  2. Das analoge Selbstverstehen der Vernunft 148

Schluß 154

Literaturverzeichnis 157

Vorwort

Wenn heute von Vertretern der Philosophie Vernunft als ein Begriff angesehen wird, der in diesem Fach mittlerweile überholt sei und der deshalb nicht mehr verwendet werden sollte, wie es der Philosophie ja auch gelungen sei, nicht mehr von Gott oder vom Ich reden zu müssen, so ist in einem solchen Vorschlag eine Tendenz zum Ausdruck gebracht, die die ganze Krise dieses Faches und seine Stellung im Zusammenhang mit anderes Wissenschaften widerspiegelt. In dem Kult, den die Philosophie in Beschäftigung mit ihrer eigenen Geschichte treibt, in der großen Anfälligkeit für Modeerscheinungen und in der Hilflosigkeit, den Erwartungen der Gesellschaft in einer Situation ethischer Orientierungslosigkeit in grundsätzlichen Fragen zum Leben zu entsprechen, wie sie sich gerade angesichts solcher umwälzenden Neuerungen in der Gentechnologie zeigt, ist dem Fach offensichtlich sein Gegenstand verloren gegangen. Das Plädoyer für die Abschaffung des Vernunftbegriffes, ein in der analytischen Philosophie bestehender Wunsch, ist nichts anderes als das Plädoyer für die Abschaffung der Vernunft selbst. Damit wäre aber verbunden, den durch die Aufklärung gewonnenen Einsichten in die Freiheit der Person ihre philosophische Grundlage zu nehmen. Autonomie ohne den dazugehörigen Vernunftbegriff, Autonomie ohne Vernunft ist nur noch eine Konstruktion, bestenfalls ein Ideal. Es ist die Vorstellung eines anarchischen Subjekts.
Wird die Vernunft gestrichen, dann fallen wir in einen Dogmatismus und Totalitarismus zurück. Die große Leistung Kants, Vernunft in ihren Grenzen zu erkennen, um dadurch den Menschen aus seiner Unmündigkeit zu führen, wäre hinfällig geworden, und tatsächlich ist eine große Bereitschaft zu erkennen, in eine Unmündigkeit zurückzufallen, in der nun aber neue Gesichter auftauchen, die zumeist aus der Wissenschaft und der Esoterik herstammen.
Die Gründe für Unmündigkeit und Aberglauben sind immer die gleichen geblieben. Es spielt letztlich keine Rolle, welche Namen und Gesichter sie haben. Der Verfall in Unmündigkeit nimmt immer wieder den gleichen Verlauf. Wie Kant gesehen hat, und darin liegt seine aktuelle Bedeutung, kommt es zu einem Grundmißverständnis, wenn die Prinzipien des Verstandes auch dort gelten, wo der Bereich der Erfahrung überschritten ist, wenn etwa die Kausalität zum Prinzip der Weltentstehung und des Weltschöpfers gemacht wird. Die Prinzipien des Verstandes gelten nur inner-

halb des Bereichs der Erfahrung, indem sie gerade die Erfahrung ermöglichen. Die Einsicht in diese Begrenzung des Vermögens ist für Kant durch die Vernunft möglich. Als kritische Auseinandersetzung mit ihren Fähigkeiten, als Kritik der Vernunft, leistet sie diese Grenzziehung.
Damit sind aber zwei Konsequenzen verknüpft. Neben der Beschränkung auf die Erfahrung wird in einem zweiten Schritt der Vernunft erkannt, daß diese Beschränkung kein Verbot für grenzüberschreitende Fragen darstellt. Die Kritik der Vernunft bedeutet, neben der Einschränkung des Verstandesgebrauchs, grundsätzliche Fragen zuzulassen, auch wenn sie nicht beantwortbar sind. Für Kant sind dies die Fragen nach dem eigenen Ursprung und Ziel, also nach dem Sinn und der Bestimmung, nach dem Ursprung der Welt und nach Gott. Sie sind unabweisbar. Unabweisbar bedeutet, daß ihre Unterdrückung so falsch ist wie ihre Beantwortung.
Wenn Wittgenstein am Ende seines „Tractatus logico-philosophicus" fordert, daß man davon schweigen solle, worüber man nicht reden kann, dann ist dies der erste und, wie sich mittlerweile zeigt, entscheidende Schritt zurück zum Dogmatismus. Am Ende dieses Weges steht dann der Abschied vom Prinzipiellen. Die hiermit scheinbar erreichte Freiheit ist trügerisch. Mag das „Drama der Existenz" von den Logenplätzen einiger Zeitgenossen als „kybernetisches System" oder als „Sprachspiel" erscheinen, so ist damit etwas über das kritische Vermögen selbst ausgesagt. Kritik als Zulassung der unabweisbaren Fragen ist hier ersetzt worden durch den Glauben an Prinzipien. In dieser Rückentwicklung vom kritischen Denken zum Dogmatismus wird Vernunft wieder überflüssig.
Mit der Beseitung von Vernunft werden aber nicht die Fragen beseitigt, die unabweisbar sind, sondern eben nur deren vernunftgemäße Behandlung. Dies beginnt mit dem kindischen Glauben eines Wittgenstein, daß man über dasjenige, worüber man nicht reden könne, zu schweigen vermag, und endet mit einem blutigen Schweigen totalitärer politischer Systeme.
Die Behandlung der unabweisbaren Fragen ist also die Aufgabe der Vernunft. Sie läßt diese Fragen zu, ja sie ist selbst als Utopie und Ekstase das Zulassen dieser Fragen. Sie gewährt darin den Anspruch an Humanität. Der Mensch ist dort mündig, wo diese Fragen zuglassen werden, er wird entmündigt, wenn er zu diesen Fragen schweigen soll. Die Entmündigung hat damit eine konkrete Gestalt, es ist die des immer schon *beantworteten* Menschen. Er wird zum Spielball heteronomer Umdeutungen seiner Autonomie. In den Antworten, die aus den Lautsprechern totalitärer Ideologien

kommen, wie: „Der Mensch ist das Produkt der Evolution, der Gesellschaft, des Milieus, seiner Sozialisation, seiner psychischen Disposition, des neuronalen Netzwerkes usw.", wird ein Verzicht auf Fragen geleistet, der sich allenfalls in den Logen der „parasitären Intelligenz" eine zeitlang durchhalten läßt, der aber auf der Bühne des Lebens zum reinen Zynismus wird.

In diesem Dickicht der Theorien bleibt dem Menschen immer weniger Raum für seine wichtigsten Fragen, die aus seiner existentiellen Situation heraus gestellt werden und diese dramatisch darstellen. Öffnung und Offenheit werden in dieser erstickenden Situation zum wichtigsten Anliegen einer human argumentierenden Wissenschaft. Da Vernunft aber selbst schon diese Offenheit für die unabweisbaren Fragen ist, ist dem Anliegen dort entsprochen, wo wieder nach Seele, Ursprung und Gott in philosophischer, also nicht nur spezialwissenschaftlicher Weise, gefragt werden darf. Wenn wir uns darüber im klaren sind, daß das Ausgrenzen dieser Fragen aus der Philosophie dem Dogmatismus und Totalitarismus Vorschub leistet, dann sollten wir, soweit wir uns als aufgeklärte Denker verstehen und uns nicht der kulturellen Aufgabe der Philosophie entziehen wollen, die Offenheit der Vernunft in ihren aktuellen Formen denken. Dazu will dieses Buch einen Beitrag leisten.

Einleitung: Die Fragwürdigkeit des Lebens

„Diess Suchen nach *meinem* Heim: oh Zarathustra, weisst du wohl, diess Suchen war *meine* Heimsuchung, es frisst mich auf.
'Wo ist - *mein* Heim?' Darnach frage und suche und suchte ich, das fand ich nicht. Oh ewiges Überall, oh ewiges Nirgendwo, oh ewiges - Umsonst!"[1]

Nietzsches „Heimweh ohne Heim"[2] umfaßt gleichsam in einer Formel die utopisch-ekstatische Verfassung der Vernunft, die Form ihrer Offenheit. Die erste und unabweisbare Frage jedes Menschen fragt nach der Existenz, genauer nach dem Woher, Wohin und Warum. Die Tragik liegt in der Erfolglosigkeit dieses Fragens, dem Offenbleiben der Fragen. Für Nietzsche wird diese Suche zur Heimsuchung, doch es zeigt sich sowohl aus seiner Beschäftigung mit dieser Grundfrage, als auch aus anderen Auseinandersetzungen mit der utopisch-ekstatischen Bedeutungsform der Existenz, daß nicht diese Frage selbst, als vielmehr das Überspringen dieser Frage und das fraglose Aufgehen in der Welt die eigentliche Bedrohung und Heimsuchung darstellt. So wird das Offenbleiben der Frage geradezu zur Forderung nach dem Offenhalten. Vernunft, die sich seit der kritischen Darstellung bei Kant aus der Unabweisbarkeit nicht beantwortbarer Fragen heraus bestimmt, definiert sich damit gerade aus ihrem Offensein. Sie ist als das Sich-offenhalten Heimweh ohne Heim, weil sie sich auf keine Antwort einläßt. Vernunft, kann also, gerade im Kantischen Sinne, als Heimsuchung verstanden werden, soweit sie sich immer wieder auf ihren Ursprung, die Fragen nach Woher, Wohin und Warum einläßt.
Doch mit dem Sich-offenhalten und Offensein für die unabweisbaren Fragen ist auch eine positive Konsequenz verbunden, die die Stärke der Vernunft charakterisiert. Das ewige Nirgendwo und Umsonst hat ein Doppelgesicht, in dem nicht nur die Sinnlosigkeit des Daseins erscheint, denn dies wäre ja schon wieder eine Antwort und damit eine definitive Bestimmung der Existenz. Als Eingeständnis des Offenseins und Offenbleibens bedeutet Nirgendwo und Umsonst die Chance, ja die einzige Möglichkeit für Selbsterkenntnis und Begegnung des Anderen. Hier wird der Raum eröffnet, der diese Grundvollzüge der Vernunft ermöglicht. Nirgendwo wird

---

[1] Nietzsche, 4/340f.
[2] Nietzsche, 11/401.

dann zur Möglichkeit von Hoffnung überhaupt und begründet Utopie. Umsonst ist das Dasein, soweit es geschenkt wurde, es zeigt das Geschenktsein an[3]. Nirgendwo und Umsonst kann also auch Aufbruch und Geschenk bedeuten, jedoch nur dann, wenn die unabweisbaren Fragen zugelassen und offengelassen werden.

Das Offensein der Vernunft läßt jedes Angebot einer Definition des Humanum fragwürdig erscheinen. Damit ist der Bezug zu sich selbst und zu dem Anderen aus jeder vorläufigen Festlegung herausgenommen und der Unbestimmtheit übereignet. Im Scheitern des Nirgendwo und Umsonst gehen alle Sinnbezüge zugrunde, um sich aber neu aus dem utopisch-ekstatischen zu konstituieren. Die Zwecklosigkeit, Ortlosigkeit und Ziellosigkeit des Lebens wird neu verstanden als einzige Quelle der Freiheit. In dieser Fragwürdigkeit ergreift sich die Vernunft in ihrer wichtigsten Angelegenheit. Nur aus dieser Position heraus kann sie Freiheit und Autonomie entwickeln, da alle Fremdbestimmungen zugrunde gegangen sind, um sich völlig neu zu konstituieren.

Dieser Begriff der Freiheit, der sich aus dem Umschlagen von Nirgendwo in Utopie und von Umsonst in Geschenktsein ergibt, erlaubt, die Würde des Menschen zu begründen und damit eine Ethik der Autonomie zu konstituieren. Das Wissen des Menschen um seine Sterblichkeit und Kontingenz ist dabei zur Grundlage seines Handelns geworden, nicht jedoch so, daß die Vergeblichkeit des Lebens die letzte Antwort und damit der Stimulus der Handlungen wäre, sondern so, daß auch diese Position als topisch-doxische erkannt und überstiegen wird. Diese Gegenbewegung gegen das Topisch-Doxische, die Camus als „Revolte" beschrieben hat, ist sogleich die Quelle der Freiheit, aus der sich das Leben ständig erneuert. Camus, der die Frage des Selbstmordes als ultimative Frage stellt, erkennt in der positiven Bedeutung des Absurden den das Leben begründenden Sinn aus dem Ohne-Sinn[4].

Nietzsche ist deshalb zum Vordenker aller existentiellen Theorien geworden. Alle Versuche dieses Jahrhunderts, den Menschen auf biologische, soziologische oder andere Modelle zu reduzieren und ihm hierin seine irgendwie bestimmbare Disposition vorzuhalten, scheitern an dieser unüber-

---

[3]Ulrich, 1973, 113ff.
[4]Camus, 1989, 49: „Vorher handelte es sich darum, ob das Leben, um gelebt zu werden, einen Sinn haben müsse. Hier dagegen hat es den Anschein, daß es um so besser gelebt werden wird, je weniger sinnvoll es ist."

holbaren inneren Erkenntnis der existentiellen Heimatlosigkeit, wie sie die auf Nietzsche gründenden Ansätze in der Anthropologie, der Lebensphilosophie, der Existenz- und Religionsphilosophie kritisch eingebracht haben. Es gibt keine Heimat, weder wissenschaftlich noch lebensweltlich, auf die der Mensch Bezug nehmen könnte, ohne darin sofort zu scheitern. Die Suche nach der Wirklichkeit und Wahrheit bleibt soweit erfolglos, als alles Reale, was hier gefunden wird und sich als Heim anbietet, zur Öde und zum Grauen wird. Diese Realitäten, in denen der Mensch sich als Produkt eines (biologischen, soziologischen usw.) Organismus vorstellt und begreift, bieten ihm keine Unterkunft, sondern zeigen ihn um so mehr als ein anonymen Mächten unterstelltes Wesen[5].

Die Selbstverdinglichung der Vernunft wird ihr selbst zum Gespenst und zum Schreckensbild, an dem sie scheitert und zugrundegeht. Dieser Weg ist gewissermaßen befreiend für eine Beziehung zum Anderen und Anderssein. Die Theologie eines K. Barth sieht in diesem Scheitern die notwendige Voraussetzung, um in ein persönliches Verhältnis zu Gott zu gelangen. Alle Transzendenzen und Analogien müssen zugrundegehen, damit die Vernunft in ihrer Autonomie und Freiheit Gott erkennt. Nur ein gebrochenes Verhältnis zu Gott, das ganz aus dem Scheitern einer persönlichen Sinngebung des Daseins erlebt wird, stellt einen angemessenen Bezug her[6]. Alle anderen sogenannten religiösen Verhältnisse, die gerade die Direktheit und Unmittelbarkeit zu Gott behaupten, kehren sich gegen den Menschen und versklaven die Vernunft unter die so erst erzeugten Mächte und Kräfte[7].

Das Scheitern stellt die notwendige Voraussetzung für die vernünftige Selbsterkenntnis und die Erkenntnis der Vernunft dar[8]. Ohne das Scheitern

---

[5] Balthasar, 1973, 71: „Die existentielle Frage wird durch die wissenschaftliche Aufhellung dunkler, als sie sogar im Mythos gewesen war."
[6] Barth, 1989, 25: „Eine andere Beziehung zu dem wahren Gott als die, die auf dem Wege Hiobs zustande kommt, gibt es nicht. Findet diese Brechung nicht statt, dann ist das Denken leer, formal, bloß kritisch, unfruchtbar, unfähig, die Fülle der Erscheinungen zu meistern, das Einzelne im Zusammenhang des Ganzen zu begreifen."
[7] Barth, 1989, 27: „Das religiöse Erlebnis, auf welcher Stufe es sich auch abspiele, ist, sofern es mehr als Hohlraum, sofern es Inhalt, Besitz und Genuß Gottes zu sein meint, die unverschämte und mißlingende Vorwegnahme dessen, was immer nur von dem unbekannten Gott aus wahr sein und werden kann. Es ist in seiner Geschichtlichkeit, Dinglichkeit und Konkretheit immer Verrat an Gott. Es ist die Geburt des Nicht-Gottes, der Götzen."
[8] Jaspers, 1973, 3/220ff.

bleibt das Denken in sich selbst, also in seiner eigenen Verdinglichung und Darstellung gefangen. Insofern ist es der erste Schritt, um die eigene Welt zu verlassen und aus dieser Verlassenheit auf den Anderen, aber auch auf sich selbst zurückzukommen. Die Möglichkeit eines Bezuges zu dem Anderen, überhaupt zu einem Anderssein, ist also ohne das Scheitern nicht möglich. Im Scheitern gewinnt der Andere und das Andere, das auch ich selbst bin, sein Geheimnis zurück.

Das Scheitern enthüllt also zugleich die Utopie und Ekstase. Die Ort- und Sinnlosigkeit der Existenz hat damit den doppelten Aspekt des Ausgesetztseins in eine Welt, die dem Menschen in seinem Bedürfnis nach Geborgenheit nicht entgegenkommt, die aber andererseits alle utopischen Bezüge in Raum und Zeit eröffnet und den Bezug auf Anderssein, auf den Anderen und das Andere, möglich macht. Der Realismus enthüllt sich hier als Glaube an die Existenz von Heimstätten, deren trügerische Geborgenheit den Menschen das Grauen lehrt und zur Bestialität anstiftet[9]. Eine nackte Realität ist nicht die sichere Grundlage für alles Wissen und Selbstwissen, auf der sich dann der Mensch nach Überwindung aller Skepsis einrichten kann. Sie zeigt eine Verfassung an, der die Vernunft nur durch Grausamkeit und Zerstörung entkommt. Die Realismen wissenschaftlicher oder politischer Art, in denen der Vernunft Unterkunft angeboten wird, sind der Nährboden menschenverachtender Theorien und Strategien. Jedes Weltbild, das sich auf einen ungebrochenen Realismus gründet, wird sich gegen sich selbst kehren[10].

Geborgenheit kann nur im Nirgendwo und Umsonst gefunden werden. Diese große Fremde und Leere, die aber zugleich seine Freiheit ist, macht es überhaupt möglich, daß der Mensch auf sich selbst zurückkommen kann und reflexiv ist. Erst aus dieser Entfremdung heraus kann er sich als freies

---

[9] Hier setzt A. Schweitzers Kulturkritik an, die den Wirklichkeitssinn als Ursache für das ethische Verkommen anklagt: „Mit dem Aufgeben der ethischen Vernunftideale, wie es in unserem Wirklichkeitssinne vorliegt, wird unsere Sachlichkeit also nicht gebessert, sondern herabgesetzt. Darum ist der moderne Mensch nicht der kühle Rechner, als der er sich vorkommt. Er steht unter der Wirkung der Gesinnungen und Leidenschaften, die ihm von den Tatsachen entgegengebracht werden. ...Aus unserem Wirklichkeitssinn und aus unserem geschichtlichen Sinn wurde der Nationalismus geboren, auf den die äußere Katastrophe zurückgeht, in der sich der Niedergang unserer Kultur vollendet." Schweitzer, 1990, 40-43.

[10] Balthasar, 1973, 76: „Die 'Unmöglichkeit' der Realität, wie sie ist, sprengt sich selbst zu einer Idealität auf; wenn dieser kein Raum gelassen wird, zersprengt sie sich selbst zu Wahnsinn und Schizophrenie."

und geschenktes Selbst erkennen. In dieser Weise wird auch der Andere als Anderer erkannt. Er ist sich selbst zunächst fremd, wie der Andere ihm auch fremd ist. Die große Fremde ist der Ort der Begegnung mit sich und dem Anderen. Dieser Ort ist ein U-topos, ein Nicht-Ort, an dem das Umsonst des Lebens als Geschenk erfaßt wird. Dieser Vorgang ist das Verstehen selbst. Verstehen in dieser Bedeutung ist kein Einfühlen mehr in ein Erlebnis, in eine andere Biographie und Geschichte, es ist schon jenseits dieser Einfühlungen als gebrochenes Verstehen der erste Schritt zu einer Wahrheit, die nun nicht mehr geborgt oder gar aufgesetzt ist. Diese Wahrheit hat Ereignischarakter, da sich hier wirklich etwas abpielt. Das aus der Entfremdung zurückkehrende, reflektierende Verstehen nimmt sich selbst und den Anderen wieder in Empfang, diesmal aber als Geschenk. Alle scheinbaren Selbstbegründungen sind dabei in ihrer Heteronomie erkannt, weil die Handlungen und Begründungen weder vom Ich, noch gar von sich aus sind. Diese große Ent-täuschung ist der Beginn eines Wissens und Handelns aus Vernunft.

I. Konzeptionen von Ekstase und Utopie
1. Die Fremde als utopischer Ort des Wissens

Das Scheitern einer autonomen Begründung der Existenz ist der Ausgangspunkt jeglicher Selbstbesinnung und damit der Vernunft. Die Erfahrung dieses Gebrochenseins leitet eine rationalen Prozeß ein, in dem jegliches Wissen im Dienst einer Überwindung und Bewältigung dieses Gebrochenseins steht. Diese rationale Bewältigung geht von Feststellungen aus, die gleichsam empirischen Charakter haben:

1. Der Mensch findet sich in einer Welt vor. Die Spannung dieser Festellung liegt in dem ungeheuren Gegensatz zwischen der aufdringlichen Gewißheit dieser Tatsache und der völligen Ungewißheit über den Zusammenhang, in dem diese Tatsache steht. Dies ist der Situation vergleichbar, in der ein Schauspieler in einem Stück mitspielt, von dem er nichts weiß, nicht den Text, nicht die Mitspieler, nicht den Autor. Die Selbstgewißheit ist also direkt verbunden mit der Gewißheit, ausgesetzt und sich selbst überlassen zu sein. Sie führt dazu, die näheren Zusammenhänge der Geschichte erfahren zu wollen, in die der Einzelne verstrickt ist. Selbstgewißheit ist also nicht Selbstgenügsamkeit, sondern im Gegenteil Überschreitung und Suche. Der enge Zusammenhang mit der Selbstgewißheit gibt der Suche eine klare Ausrichtung, sie ist also nicht diffus. Dies führt zu der zweiten existentiellen Feststellung:

2. Der Mensch ist auf der Suche nach Wahrheit. Diese Suche ist Ausdruck der widersprüchlichen Gewißheit, in der der Mensch sich erfaßt. Sie ist nicht Folge einer physiologischen Eigenschaft des Gehirns, sondern eine existentielle Forderung, die aus dieser gegensätzlichen Seinserfahrung von Selbstgewißheit und Ungewißheit über das Andere hervorgeht. Die Suche nach Wahrheit ist mit der Aufklärung der existentiellen Situation befaßt. Sie bleibt Grundmotiv jeden Wissens und jeder Wissenschaft. Die Krisis des Wissens und der Wissenschaft beginnt dort, wo es sich von diesem Motiv zu emanzipieren meint. Die Integration des positiven Wissens in die existentielle Situation ist Grundbedürfnis und Anspruch des Wissens.

3. Jedes Wissen ist von dem Riß durchzogen, der aus dem Gegensatz zwischen Gewißheit und Ungewißheit hervorgegangen ist. Da die Suche den Lebenszusammenhang aufspüren will, in den der Einzelne gestellt ist und damit direkter Ausdruck dieses Gegensatzes in der Selbstgewißheit ist, sind auch alle Wissensinhalte von diesem Gegensatz und dieser Unverein-

barkeit gezeichnet. Alle Gewißheit ist also von dem Riß, der durch die Selbstgewißheit geht, durchzogen. Die unbestimmte und diskontinuierliche Selbstgewißheit gibt ihre Zerrissenheit an Wissen und Handeln weiter. Sie kann nur verneint werden, indem das Sich-selbst-nicht-verständliche der Vernunft zum Selbstverständlichen verkehrt wird. Diese Verkehrung leisten alle Formen der faktischen und logischen Wiederholung. Doch diese Verkehrung im Selbstverständlichen gelingt nur vorübergehend und wird von allen Spielarten des Zweifels und des Wahns heimgesucht. Keine dieser Wiederholungen eines möglichst Gleichen, unter der sich Selbstverständlichkeit einstellen soll, ist beliebig oft vollziehbar. Die Struktur des Selbst erweist sich vielmehr als instabil, sie offenbart im lebendigen, nicht im maschinellen Vollzug, die Zerrissenheit existentieller Feststellungen. Doch diese Zerrissenheit ist nicht nur Scheitern, sondern Öffnung auf ein Anderes hin. Im Scheitern löst sich das Wissen aus der Selbstverklammerung.

4. Die menschliche Existenz ist offen. In dieser Offenheit ist überhaupt erst Begegnung möglich. Dabei wird das Du eher erfahren als das Ich, das sich erst aus der Verklammerung seiner unmittelbaren Gegenwärtigkeit lösen muß. Er kann sich nicht unmittelbar aus seinem Geschehen und seiner Lebendigkeit erfassen, in die er eingebunden ist. Er muß ausgreifen auf die ihn umgebende Ungewißheit und Unwirklichkeit. Diese U-topien werden eingeholt in die eigene Situation und mit ihr verbunden. Die fatale Situation des Schauspielers in einem unbekannten Stück verbindet sich mit der Gewißheit des Offenseins der Existenz. Utopie und Ekstase sind die Formen der Selbstbesinnung, mit denen sich Vernunft im Scheitern der Autonomie auf den Anderen und das Anderssein richtet.

Hier zeigt sich dann, daß nicht das Ich gescheitert ist, sondern nur sein berechtiger, ja notwendiger Anspruch auf Autonomie. Dieser Anspruch erst macht es möglich, daß das Ich gebrochen werden kann. Nur ein gebrochenes Ich aber ist bereit zur Begegnung mit sich und dem Anderen.

2. Die Schwellen zum utopischen Ort

Die aus der Gebrochenheit erwachsende Besinnung der Vernunft ist ekstatisch und nimmt dabei Bezug auf das Ungewisse und Fremde, das sie umgibt. Dieser Bezug wird nicht allein in einem Vorstoß ins Nichts vorgenommen, sondern zunächst und vor allem im Bezug zu dem Anderen und dem Anderssein. Hierin eröffnet sich die grundlegende Bedeutung des Geheimnisses, des Unbekannten und der Fremde. Sie ist Grundlage eines Dialogs, in dem der der Einzelnen sich auch mit sich selbst auseinandersetzt. Das Du-Geheimnis ist komplementär zur Selbstgewißheit und gibt das Ziel an, auf das hin Existenz sich öffnet.

Diese Öffnung steht diametral einer teleologischen, finalistischen oder gar instrumentalen Öffnung entgegen. Alle Formen zielgerichteter und zweckgebundener Existenz heben sich hiervon nicht nur ab, sondern werden im Scheitern zerstört. In der Überwindung identifikativer und zweckgebundener Ziele kommt die Sehnsucht nach Freiheit, nach dem Heiligen und der Transzendenz zum Ausdruck. Hier ist die Fremde nicht angstvoll und *verdrängungswert*, sondern wird ersehnt und in der Sehnsucht auch gestaltet. Wie Eliade nachweisen konnte, finden sich zahlreiche religionswissenschaftliche Belege des Umganges mit Transzendenz und ihrer Gestaltung. Dabei wird immer das Heilige vom Profanen unterschieden, wobei die Berührungspunkte sensible Schwellenerfahrungen sind, die rituell begangen werden müssen[11]. Die Überschreitung der Schwellen des Profanen kann nur in einem Ritual begangen werden, bei dem Raum, Zeit und Grund eine besondere Rolle spielen. Sie sind Kategorien der Überschreitung, durch die das Leben seine Ganzheit anstrebt und sie auch bekommen kann. Die Überschreitung der Schwelle symbolisiert aber auch die Überquerung des Risses in der Selbstbehauptung und Selbsterkenntnis. Hier liegt deshalb auch die Gefahr der tiefsten Enttäuschung und des Entsetzens.

Wie die Arbeiten von Binswanger, Gebsattel und Weizsäcker zeigen, ist das Heil von der Sinnerfüllung dieser Kategorien abhängig. Der Anspruch in der Zeit-, Raum- und Grunderfahrung ist konkret nachweisbar. Er zeigt sich darin, daß der innere Bruch in der existentiellen Selbstgewißheit als Schwelle überschreitbar geworden ist. Eine Thematisierung dieses Bruches bedeutet also keineswegs das Versinken im Abgrund des nackten Grauens, vielmehr zeigt sich gerade die Verdrängung als Provokation einer Unmenschlichkeit, wie sie aus der Simulation eines ungebrochenen Zeit-, Raum- und Grundverständnisses erwächst, die Gleichgültigkeit gegenüber Schicksal, Individualität und Geschöpfsein. Die Kategorien der Schwelle

---

[11]Eliade, 1987, 26f.

werden als Begriffe der (zeitlich, räumlich und begründenden) Kontinuität zwar zu Grundbegriffen der Technik, sie verlieren damit aber auch ihre Bedeutung als Schwelle, also die Verwandlung des Scheiterns in Utopie und Ekstase, des Bruches in Aufbruch.

Jedes faktische Wissen verweist in seiner Bedeutung des Etwas als Etwas nicht nur auf unendliche Möglichkeiten von Weiterdeutungen, sondern auch auf die strukturellen Unterschiede zwischen diesen Weiterdeutungen, soweit sie jeweils neue Sinnfindungen sind. In der Zuordnung von Zeichen zu Dingen kann differenziert werden zwischen einer offenen und einer geschlossenen Semiose. Ist sie geschlossen, dann wiederholt die Semiose immer wieder die Identität des Bezeichneten, ist sie offen, dann wird diese Identität gebrochen. Der Bruch und die Überschreitung des Bruches zeigen dann die utopisch-ekstatische Besinnung der Vernunft. Sie findet ihren Niederschlag in der offenen Semiose[12].

Das Verstehen der anderen Seite des Bruches kann nicht durch eine Bezeichnung geleistet werden. Dies wäre ein bloßer Übergriff, der den Bruch im Verstehen ignoriert. Vielmehr muß sich Vernunft ausdrücklich auf den Bruch des Faktischen beziehen. In diesem Bezug geht sie ein ekstatisches Verhältnis ein. Dieses Verhältnis zeigt sich in der Verzweiflung, der Ehrfurcht und der Bewunderung. Hier wird der Bruch nicht im Übergriff einer negativen Ausgeschlossenheit oder einer positiven Dispositioniertheit erfaßt und damit verdeckt, sondern in seiner zerstörerischen und gleichzeitig öffnenden Wirkung aufgezeigt. Vernunft ist ein Selbsterfassen ihres Bruches und Endes als Freiheit und Anfang. Dabei öffnet sie sich nicht nur auf ein Du hin, sie ist auch in ihrer Reflexivität um die Dimension des Ergriffen-werdens, des Pathischen bereichert. Der pathische Grundbezug wird zum Prinzip eines in dieser Weise ekstatisch bewegten Wesens.

Die Öffnung des Verstehens kann nicht nur der Glaube leisten, sondern auch die Vernunft selbst, indem sie die unabweisbaren Fragen nicht abwendet, sich ihnen also stellt und sich auf diese Dimension einläßt, die sie nicht bewältigen kann. Dieses Sich-einlassen ist zugleich ein Verlassen der

---

[12]Böhme, 1995, 167: „Der griechische Ausdruck für Natur, *physis*, nahm Aufgehen und Blühen als ihr Grundcharakteristikum, der lateinische, *natura*, das Gebären. In beiden war das Hervortreten, das Sichzeigen und der Unterschied von Verschlossenheit und Offenheit impliziert. Warum sollten wir nicht das Ekstatische als einen Grundzug der Natur im ganzen, wie auch eines jeden Dinges akzeptieren?"

eigenen Identität und ein Überstieg, der zur Verstiegenheit und zum Entsetzen ausarten kann.

Da Vernunft sich immer schon überstiegen hat, indem sie immer schon den inneren Bruch übersteigt, ist also nicht der Überstieg oder die Transzendenz das Problem, sondern die Art und Weise, in der dieser Überstieg vollzogen wird und was dabei gestaltet und verwirklicht wird. Eine neutrale Form des Überstiegs kann es hierbei nicht geben, da jeder Moment eine Schwellenüberschreitung ist und insofern gebrochen werden kann.

3. Die utopische Verfassung der Existenz

Die Sonderstellung des Menschen in der Welt ist für die philosophische Anthropologie des 20. Jahrhunderts eine Grundthese geworden, die sich vor allem gegen ein Verständnis vom Menschen richtet, das ihn biologisch vollständig in die Natur integriert sieht, wie die vom Darwinismus ausgehende Abstammungstheorie. Ausgehend von Scheler und Plessner, die die philosophische Bedeutung dieser Sonderstellung in der „Weltoffenheit" und „Exzentrizität" erkannten, trug Gehlen empirische Belege dieser Sonderstellung zusammen, die er vor allem der paläontologischen und anatomischen Forschung entnahm. Dabei wird Darwin in grundsätzlichen Ansichten korrigiert. Gehlen bringt eine biologisch-philosophische Widerlegung von Darwins Theorie der Abstammung von einem „haarigen, geschwänzten Vierfüßer"[13].

Nach Gehlen ist der Mensch, im Gegensatz zu der Spezialisiertheit eines solchen von Darwin beschriebenen vormenschlichen Tieres, unspezialisiert. Der Fehler Darwins liegt nun darin, daß ein unspezialisiertes Tier biologisch nicht von einem spezialisierten abstammen kann. Der Mensch ist deshalb ein „hocharchaisches Wesen"[14], das auch nicht, wie noch von K. Lorenz behauptet, durch Selbstdomestizierung, analog der Degeneration bei Haustieren, seine Spezialisierung verloren haben kann[15]. Die Unspezialisiertheit kann biologisch nur der Ausgangspunkt, nicht das Ergebnis der Entwicklung sein, zumal, und hierin liegt die Bedeutung der anatomi-

---

[13]Darwin, 1982.
[14]Gehlen, 3/97.
[15]Gehlen, 4/131.

schen und zoologischen Forschung, diese Unspezialisiertheit einen klaren embryonalen und infantilen Status hat. Die hier von Gehlen zusammengetragenen Kriterien des „extrauterinen Frühjahrs" (Portmann), sowie des fötalen Charakters der Kopf- und Gesichtsform, des Gebisses, der Hände und Füße und nicht zuletzt der Nacktheit bei bleibender embryonaler Wollbehaarung (Bolk), sind biologisch nicht aus spezialisierten Wesen, auch nicht durch Denaturierung, abzuleiten. Sie sind biologisch archaisch, ebenso wie die daraus hervorgehende Notwendigkeit einer Kultur. Die von Engels vertretene Ansicht einer Instrumentalisierung schon spezialisierter Organe wie der Hand ist biologisch unmöglich, weil sie gerade die Unspezialisiertheit und Bildbarkeit der Organe voraussetzt. Die Kultur ist kein auf die Natur aufgesetztes oder überhaupt aufsetzbares Phänomen im Sinne einer höheren Stufe und Entwicklung, sondern ein allein mit der Biologie des Menschen verbundenes Phänomen seines Infantilismus.

Gehlens Widerlegung des Stufenmodells, bei dem die Natur durch die Kultur weiterentwickelt wird, ist gerade im Zuge eines panevolutionären Geredes immer noch von großer Bedeutung. Die Kultur hat es von Anfang an gegeben, sie gehört zu den Anfängen des Menschen dazu, sowohl stammesgeschichtlich als auch individualgeschichtlich. Jede natürliche Funktion ist immer schon kultiviert. Mit seiner Sichtweise von der Ursprünglichkeit der Kultur gibt er dem Begriff von der Sonderstellung des Menschen eine anthropologisch bedeutende Vertiefung, die weit über einen bloßen Anti-Darwinismus hinausgeht. Die Überwindung der Ideologie einer Natur-Kultur-Stufung und eines tendenziösen Evolutionismus gehört zu den besonderen Errungenschaften dieser Sichtweise. Eng damit verbunden ist auch das Bild einer neuen Innerlichkeit.

Parallel zu dem äußeren Merkmal des biologisch-physiologischen Infantilismus des Menschen ist nämlich seine innere Unfertigkeit. Sie steht im Zusammenhang mit dem spezifischen Weltbezug des Menschen, seiner Weltoffenheit[16]. Die Umwelttheorie von J. v. Uexküll hat den entscheidenden Anstoß gegeben, einen Unterschied zwischen einer festen Eingebundenheit in eine Welt, wie sie bei Tieren zu finden ist, und der Weltoffenheit zu machen. Danach sind die Umwelten von Tieren durch das Ineinandergreifen von Merkmalen und Wirkmalen innerhalb differenzierbarer Funktionskreise festgelegt und vor allem spezifiziert. Die Zecke hat ihre

---

[16]Scheler, 1966, 38ff.

auf Buttersäure und Wärme reduzierte Welt, die sich damit klar von den Welten anderer Tiere unterscheidet. Die Funktionskreise beschreiben die wichtigsten biologischen Bedeutungen Nahrung, Geschlecht, Feind und eben, allem vorgeordnet, das Medium oder die Heimat. Medium und Heimat sind feste und spezifische Welten und stellen den eingegrenzten Lebensraum des Tieres und seiner Art dar. Für den Menschen ist dieser Lebensraum zur Welt insgesamt erweitert und damit entspezifiziert. Da er sich jede Umwelt selbst einrichten muß, auch die klimatisch lebensgünstige, ist er überall und nirgends ansässig. Der Weltbezug ist also ein utopischer und umfaßt damit die doppelte Bedeutung dieser Ortlosigkeit, die Entbindung aus dem Funktionskreis und die Ausrichtung an einem Nirgendwo. Aufgehoben ist also nur die Bindung an einen konkreten Ort, nicht die Bindung schlechthin. Ausgang aller Raum- und Zeiterfahrung ist der leere Raum und die leere Zeit. Zeit und Raum werden hier von der Unfertigkeit des Noch-nicht-gestalteten und Noch-zu-gestaltenden erfahren. Weltoffenheit heißt also Gestaltung einer primären Leere, Ausfüllen von Raum und Zeit. Diese innere Unfertigkeit einer Weltoffenheit steht parallel zu der biologischen Unvollständigkeit. Phantasie und Spiel sind die entscheidenden Mittel zu dieser Gestaltung, die deshalb auch einen zentralen Platz in Gehlens Anthropologie einnehmen[17].

Wie schon Portmanns These vom „extrauterinen Frühjahr" besagt, ist auch von der äußeren, biologischen Sonderstellung her der Mensch zur mundanen Kompensation seines uterinen Reifungsdefizites angehalten. Die Lebensweltgestaltung ist damit eine existentielle und biologische Notwendigkeit für das Wachstum und die Reifung des Menschen. Die biologische Symbiose im Mutterleib wird durch die existentielle Symbiose ergänzt. Doch auch damit ist die Entwicklung nicht abgeschlossen. Auch nach der Abtrennung und Individuation, mit der sich besonders die psychoanalytisch orientierte Kleinkindforschung beschäftigt hat (René Spitz, Margeret S. Mahler), bleibt die Unfertigkeit Grundmerkmal der Existenz. Das Unfertigsein ist dabei keineswegs ein negatives Merkmal, sondern im Gegenteil die Bedingung für die prinzipiell unendliche Gestaltbarkeit der Existenz. Hier wird die Zeit zur wesentlichen Grundkategorie dieser Bestimmung. Die „Sorge" im Heideggerschen Verständnis ist nicht die einzige Form dieser Gestaltung, vielmehr lassen sich auch andere ekstatische

---

[17]Gehlen, 1993, 214 u. 240f.

Bestimmungen finden, wie in der vorliegenden Arbeit gezeigt wird. Die anthropologische Gemeinsamkeit dieser ekstatischen Ausrichtungen ist die zeitlich und als Zeit gestaltete Unfertigkeit der Existenz.
Dieses Moment der Zeit ist aber nur in Gehlens Ansatz zu finden. Nimmt man Plessners Konzeption der Exzentrizität[18], so wird hier auch die Offenheit des Weltbezuges thematisiert, ohne ihr aber das für das biologische Verständnis ausschlagende Charakteristikum der Unreife, der Unausgebildetheit und Unspezifizität zu geben. In eher ideologischer Weise spricht Plessner von der Spaltung des Ichs oder dessen keimhafter Anlage dazu[19] und der damit einhergehenden Notwendigkeit der Aufladung einer aus dem Nicht heraus gebildeten Welt mit Bedeutung[20]. Das eigentlich anthropologische Merkmal, das biologische Zufrühsein als äußeres Äquivalent der inneren u-topischen Verfassung, findet sich nicht. Gerade deshalb bekommt die Exzentrizität des Menschen einen spaltungsartigen Charakter, weil die entscheidende Dimension der Zeit hier ausgeklammert ist und und das Unfertigsein der Existenz hälftenartig seiner dinglichen Verwirklichung gegenübersteht.
Die biologische Ortlosigkeit oder Utopie des Menschen hat also von der anthropologischen Seite her die zeitliche Komponente des Noch-nicht-erreichten, des Zu-früh. Darin gründet nicht nur Heideggers „Sich-vorweg-sein", sondern auch die sinnhafte, also eine Richtung nehmende Verlaufsform des Lebens und seine biographische Rekonstruierbarkeit. Alle Historie und Geschichtlichkeit des Menschen wird dabei von der Zukunft her erfaßt. Der Augenblick und das Jetzt bekommen eine Abschwächung und werden zur Basis eines Noch-zu-entwickelnden. Die Spaltung ist also nicht, wie irrtümlich von Plessner behauptet, die eines zeitlosen Zerfalls in eine wirkliche und eine unwirkliche Seite, sondern sie ist diese Erstreckung des Jetzt als Noch-nicht auf sein Noch-zu-entwickelndes und Noch-zu-verwirklichendes. Der Wegfall des zeitlichen Moments aus dieser utopischen Erstreckung macht daraus dann die Spaltung des Ich in die zwei disparaten Momente der Wirklichkeit und Unwirklichkeit. Beide Momente

---

[18] Plessner, 1975, 288ff.
[19] Plessner, 1975, 298.
[20] Plessner, 1975, 311: „Der Mensch will heraus aus der unerträglichen Exzentrizität seines Wesens, er will die Hälftenhaftigkeit der eigenen Lebensform kompensieren und das kann er nur mit Dingen erreichen, die schwer genug sind, um dem Gewicht seiner Existenz die Waage zu halten."

durchdringen sich vielmehr und bilden in dieser Durchdringung die Struktur der Zeit. Konsequent zu der anthropologischen Grundverfassung des Zu-früh-seins ist dann auch der Wegfall dieses zeitlichen Moments der Utopie das Merkmal einer Erkrankung oder Degeneration. Im zeitlosen Festgesetztwerden spaltet sich die innere Welt. Hier wird aus dem Noch-nicht ein bloßes Nicht, welches das Ich in eine reale und eine irreale Seite aufspaltet. Die anthropologische Konzeption des Zufrühseins des Menschen eröffnet also die Möglichkeit eines Begriffs der Spannung vom Jetzt zur Zukunft. Sie ist die biologische Grundlage der an der Zukünftigkeit ausgerichteten Existenz des Menschen. Hier ist die Theorie für eine anthropologische Bedeutung der Phantasie, der Imagination, aber auch des Wahns. Die Differenzierung glückender und glücklicher Phantasien zu mißlingenden und glücklosen ist abhängig vom Bezug des Menschen zur Zeitlichkeit im Vergessen und in der Erinnerung[21]. In einem phantasielosen Realismus, soweit er überhaupt möglich ist, wird die utopische Verfassung zur Immanenz des Grauens. Die Faktizität des Gewesenen und Zukünftigen verdichtet sich zu einer realistischen Gewißheit des Todes. Dieser Realismus ist aber keineswegs die Wahrheit, sondern vielmehr das Betrogensein um seine Wahrheit infolge des Wegfalls seiner zeitlichen Ausrichtung auf Zukunft und Vergangenheit. Diese Reduktion führt zum Grauen des Menschen vor seiner nackten Existenz. Die nackte Existenz ist also keineswegs der Kern der Existenz, sondern die mißlingende Selbstdeutung im Glauben an zeitlose Präsenz. Die Annahme einer zeitlosen Präsenz als Basis aller Existenz, also als Grundlage des Begriffes von Existenz, führt zur Reduktion des Seins auf das Leere und Grauenvolle. Bei dieser Reduktion wird die utopische Grundverfassung von vornherein ausgeschlossen. Entsprechend sind Utopien dann nur noch unrealistische und damit hoffnungslose Vorstellungen.

Die Phantasie dagegen entlastet nicht nur das Bewußtsein von der Gültigkeit einer zeitlos-faktischen Gewißheit, sie gründet vielmehr die Existenz in der Utopie. Da jede Faktizität als u-topische einen Bezug zu Vergangenheit und Zukunft hat, ist jede Herauslösung aus diesen Bezügen eine Verkennung des Faktischen selbst. Es erweist sich als zeitlich strukturiert, denn es ist immer schon ein Produkt des Erkennens. So ist vom Begriff des

---

[21]Grätzel, 1993.

Faktischen ablesbar, in welcher Weise Vernunft sich selbst erfaßt oder auch nur erfassen kann. Ein Realismus, der im Gegensatz zur Utopie steht, stellt sich als inhuman heraus und muß nicht nur unter erkenntnistheoretischen, sondern auch unter ethischen Maßstäben kritisiert werden. Hier wird ein Selbstverstehen propagiert, das den Menschen an seiner Vernunft zweifeln und scheitern läßt[22]. Nicht die Vernunft ist diese kalte und zynische Vollstreckerin des Realismus, sondern ein ihr in der Neuzeit untergeschobenes Verständnis. Dies hat auch auf die Biologie und Anthropologie Auswirkung gehabt, indem hier der Evolution das Prinzip der Auslese der Besten als Grundlage der Entwicklung zugedacht und damit der Kapitalismus zum Lebensprinzip erhoben wurde. Für den Menschen ist diese Reduktion des Selbstbewußtseins und des Lebensbewußtsein nicht nur unwahr, sondern eben auch ethisch bedenklich. Sie verschließt seine Möglichkeiten oder schränkt sie ein, sich dem Anderen oder dem Lebendigen überhaupt hinzugeben. Leben wird zu einem egoistischen Vollzug und die Vernunft ist das Werkzeug dazu.

Vernunft ist aber nicht egoistisch, sondern dialogisch angelegt. In diesem Dialog spielt das Zu-früh-sein sowohl eine zwischenmenschliche als auch eine mitweltliche Rolle. Es sagt zunächst aus, daß der jetzige Moment keine für sich bestehende Gültigkeit hat, sondern auf ein Noch-nicht-seiendes oder Nicht-mehr-seiendes bezogen ist. Dieser Bezug wird symbiotisch geleistet, ein pures Ego und seine egoistische Phantasie können ihn nicht herstellen.

Zu-früh-sein heißt aber auch, nie fertig zu sein. Auch hier zeigt sich die Einseitigkeit eines biologischen Reifebegriffs nach kapitalistischem Modell. Der Mangel ist kein Defizit, das es auszugleichen und zu beseitigen gilt, der Mangel ist die Grundvoraussetzung der humanen Entwicklung des Menschen. Die Grundverankerung des utopischen Moments hat weitreichende Auswirkungen auf die Bewertung und Verwirklichung nicht-realer, also illusionärer und imaginativer Welten. Auch für die Differenzierung zwischen Imagination und Wahnwelt gibt es einen Anhaltspunkt. Wird das Illusionäre zum Wirklichen, wird sein illusionärer Charakter im Utopischen nicht miterlebt, dann ist es zum Wahn entartet. Hier vollzieht sich geradezu eine Umdeutung von Wahn und Wirklichkeit, indem die bloße und nicht auch imaginative Wirklichkeit zum Wahn wird. Nicht zu ver-

---

[22]Horkheimer/Adorno, 1971.

wechseln mit Schopenhauers Begriffs der wahnhaften Wirklichkeit des Willens, der eine metaphysische Konstruktion ist, gehört der Wirklichkeitswahn zur psychiatrischen Empirie. Die Wirklichkeit lebt von ihren imaginativen Anteilen, die das prinzipielle Zu-früh-sein des Menschen auf ihren Utopos hin erstreckt. Diese Ausrichtung des Selbstverstehens und Fremdverstehens ist also nicht exzentrisch, wie Plessner unterstellt und dabei eine zeitlose und nur als Spaltung erkennbare und erfahrbare Nichtrealität meint, sondern ekstatisch, wobei gerade die zeitliche Erstreckung signifikant ist.

Aus der radikalen und letztlich auch formalen Selbstbegegnung des Ich mit sich, die zeitlos als Spaltung erscheint und damit nicht mehr Öffnung, sondern Verfall ist, wird in der ekstatischen und zeitlichen Sichtweise ein Ich-Du-Verhältnis. Die exzentrische Sicht der Spaltung wird hier ersetzt durch die ekstatische des Dialogs. Erst als Ich-Du-Verhältnis beginnt die Reifung, die Exzentrizität ist ein Zeichen des Zerfalls.

Die anthropologische Position des Zu-früh-seins und der biologischen Unreife impliziert also die dialogische Form der existentiellen Reifung. Zum chronischen Infantilismus gehört, daß der symbiotische Charakter der Existenz auch in der Individuation nicht überwunden wird, es sei denn in der Spaltung, die aber als eine entzeitlichte ein Existieren im „Entwerden" (Gebsattel)[23] voraussetzt. Der symbiotische Charakter bleibt erhalten in den Ansprüchen nach Geborgenheit, Vertrauen und Geselligkeit. In diesen Ansprüchen findet sich alles wieder, was aufgrund der biologischen Unreife entbehrt wird: Heimat, Instinktsicherheit und Tierhaftigkeit. Dennoch zeigen sich die Ansprüche nicht einfach bloß als Ersatzwünsche für diese Mängel, weshalb der Begriff des Mängelwesens auch schief ist. Vielmehr sind sie kreative Gestaltungsformen, die sich in allen kulturellen Leistungen niederschlagen. In dieser Vielheit sind sie unüberschaubar, sie lassen sich aber auf ein Prinzip zurückführen, das demnach diesen Ansprüchen und allen aus ihnen hervorgehenden Kulturleistungen zugrundeliegt, das Prinzip der Suche nach Wahrheit. Dieses Prinzip macht sich nicht nur in der Theorie geltend, es ist auch das Motiv in der Suche nach Vertrauen und Gemeinschaft. In der Suche nach Wahrheit wird die Symbiose mit der Natur und dem Anderen gesucht und auch schon gelebt. Im Verstehen und in der Vernunft erfaßt sich dieses Leben und gibt damit dem ortlosen Men-

---

[23]siehe Kapitel III, B4.

schen seine sinnhafte Ausrichtung. Dieser Sinn ist aber nicht mehr feststellbar oder gar schon festgestellt: er ist ekstatisch[24].

4. Ekstase und Vernunft

Es mag paradox erscheinen, der Vernunft einen ekstatischen Zustand zuzueignen und Entrückung für eine ihrer Eigenschaften zu halten, scheint doch gerade das vernünftige Denken und Handeln, zumindest seit dem Verständnis der Aufklärung, durch Festigkeit und Bindung an die Eigengesetzlichkeit ausgezeichnet. Dieser Selbstbezug der Vernunft ist darin frei, daß diese Bindung an das eigene Gesetz keine Abhängigkeit von einer Autorität bedeutet. Die Vernunft sieht sich hier befreit von jeder Art der Voraussetzung. Bei dieser Konzeption muß in Betracht gezogen werden, daß die Aufklärung einen bestimmten Begriff von Freiheit und Befreiung zugrundelegt; es ist dies die durch die Repräsentation ermöglichte Freiheit. Bei dieser Freiheit handelt es sich um eine Befreiung der Verfügung und Macht, die im Wissen liegt. Während noch bei Meister Eckhart eine Freiheit „ohne Eigenschaft" gedacht wird, in der das Selbst nicht wieder Gegenstand einer Erkenntnis werden kann und jedem erkenntnisartigen und handelnden Zugriff entzogen bleibt, ist sie bei Descartes und später bei Kant unter die Bedingungen des Denkens, des Zweifelns und des Gesetzes gebracht. Die Autonomie als Indiz des vernünftigen Selbstbezugs ist dabei spezialisiert. Sie ist nur als In-sich-stehen vorstellbar, als eine auf Gläubigkeit und Vertrauen völlig verzichtenkönnende Selbstsicherheit im Wissen und Handeln. Der Erweiterung des mittelalterlichen Freiheitsbegriffes, die in der Zerschlagung alter Glaubensvorstellungen und angemaßter, ungeprüfter Autoritäten liegt, steht die Einschränkung gegenüber, daß die Autonomie nur auf das Vernehmen seines Selbst angewiesen ist. Eine Autonomie, die auf Glaube und Vertrauen aufbaut, ist danach nicht mehr denkbar. Der vorgetäuschte Verzicht auf das Du läßt Hingabe und Hin-

---

[24] Nietzsches Formel vom „nicht festgestellten Tier" bekommt in der Bedeutung „ekstatisch" eine Erweiterung, ja letztlich eine Umdeutung, da „ekstatisch" durchaus eine Feststellung zuläßt und sie sogar zugrundelegt, um auf der Basis des Festgestellten das Nicht-feststellbare vorzustellen, ganz im Sinne des oben angesprochenen Ineinandergehens von Wirklichkeit und Unwirklichkeit.

nahme, Opfer und Dank zu heteronomen Erscheinungen für diese Vernunft werden. Ihre Bedeutung für die Autonomie und das freiheitliche Selbst geht dabei verloren. Vernunft wird synonym mit Identisch-sein und Identifizieren.

Das Cogito, das als identische Selbstgewißheit erkannt ist, wird zur Grundfigur der Gewißheit auch der äußeren Dinge. Dies hat zur Folge, daß nur dasjenige gewiß ist, was sich repräsentieren läßt[25]. Jede analoge Form des Wissens war gegenüber dem repräsentativen deklassiert. Repräsentierbarkeit, die Minimalforderung für eine Gewißheit, hat aber eine Verkehrung der Welt zur Folge. Nicht mehr die Welt selbst, sondern ihre Repräsentation gilt als Ausgangspunkt des Wissens. Das Objekt hat sich in seine Repräsentation verschoben. Diese Verschiebung hat auch Auswirkungen auf das Vernunftverständnis. Vernunft als Kraft (Spontaneität) und Vernehmen (Rezeptivität) der Repräsentation kann Identitäten wahrnehmen und schaffen. Als Erkenntnisorgan der Repräsentierung verfolgt sie zwar noch die Spur der Analogien und Ähnlichkeiten, um sie aber nach dem Kriterium der Gleichheit und Gleichsetzung zu sortieren.

Die große Demütigung der Vernunft, die Kant bei Humes Assoziationsbegriff empfand, dokumentiert das autonome Vernunftverständnis, dem Kant in seinen Vernunftkritiken zum Durchbruch verhalf. Hegel vollendet dann die Erkenntnis der Selbstgegebenheit von Vernunft durch einen pseudohistorischen Nachweis einer Entwicklung derselben. Die Entdeckung einer Geschichte der autonomen Vernunft ist nichts anderes als der Versuch, die Selbstgegebenheit in der Autonomie über die Grenzen des Individuums zu erweitern, um zu einem totalitären Konzept von Autonomie zu kommen. Dieser Totalitarismus wird in ihrer geschichtlich-repräsentativen Selbstgegebenheit fundiert. Die Autonomie der Vernunft wird damit zum Grundwerkzeug ideologischen und politischen Mißbrauchs. Sie kann mit überindividueller Gesetzgebung und Bürokratie gleichgesetzt werden. Dies wiederum läßt Vernunft als Ganze verdächtig werden. Solche Einschätzungen finden sich in unserem Jahrhundert in der Lebensphilosophie[26] und gehen bis hin zu Horkheimer und Adorno[27].

Die geschichtlichen Auswirkungen des totalitären Denkens und auch die kritische Auseinandersetzung in unserem Jahrhundert hat dazu geführt, daß

---

[25]Foucault, 1974, 78ff.
[26]Die große Bedeutung der Lebensphilosophie wird erst in jüngster Zeit entdeckt.
[27]Adorno/Horkheimer, 1971.

ein Denken, das sich selbst zur Totalität ermächtigt und aus dieser Totalität heraus argumentiert und richtet, heute angreifbarer ist denn je[28]. Der Pluralismus hat nicht nur eine Toleranz für die Vielfalt gefördert, sondern auch wieder ein Verständnis für das Verhältnis zum Unbekannten, für die Differenzen und Eigenständigkeit des Individuellen entwickelt[29]. Diese Revision ist ein Schritt zur Überwindung des totalitären Vernunftbegriffes der Identität in Richtung der Selbsterkenntnis als ekstatische Vernunft. Die Sensibilisierung für zeitliche und räumliche Verschiebung in der Erkenntnis und Sprache bei Derrida, die damit verbundene neue Bedeutung von Zeichen als Spur anwesender Abwesenheiten ist das Morgenrot eines neuen Vernunftbegriffes, in dem Ästhetik, Ethik und Logik aus ihrer Getrenntheit herausfinden. Die Transzendentalien, die mit der Ideologisierung von Wahrheit (Hegel), Ethik (Kant) und Schönheit (L'art pour l'art) auseinandergefallen waren, finden so zu der ursprünglichen Zusammengehörigkeit zurück.

Trotz solcher Anzeichen eines Wechsels hat die Identität noch paradigmatische Bedeutung in den Wissenschaften. Als blind geglaubte Gewißheit ist sie dem Totalitarismus nachgefolgt, den sie zu überwinden suchte, und hat ihn dabei verschärft. Im Gegensatz zu einem theologischen Totalitarismus, den die Aufklärung bekämpfte, hat der Totalitarismus der Identität keine Transzendenz, weder auf ein höheres noch auf ein gleichgestelltes oder gar ein niederes Wesen. Wissen und Ethik werden nur aus dem absoluten Selbstbezug heraus abgeleitet und konstruiert. Dies führt zu dem paradoxen Beobachterphänomen, daß sich identifikative Innerlichkeit als eine von außen gemachte Feststellung zu erweisen hat. Für dieses Außen gibt es aber keinen Anderen, der die Position übernehmen dürfte oder dem in seiner Beobachtung vertraut werden dürfte. Das Ich will sich gleichzeitig als Subjekt und als Objekt fest in der Hand und unter Kontrolle haben.

---

[28]Lévinas, 1987.
[29]Lyotard, 1990, 48: „Das 19. und 20. Jahrhundert haben uns das gesamte Ausmaß dieses Terrors erfahren lassen. Wir haben die Sehnsucht nach dem Ganzen und Einem, nach der Versöhnung von Begriff und Sinnlichkeit, nach transparenter und kommunizierbarer Erfahrung teuer bezahlt. Hinter dem allgemeinen Verlangen nach Entspannung und Beruhigung vernehmen wir nur allzudeutlich das Raunen des Wunsches, den Terror ein weiteres Mal zu beginnen, das Phantasma der Umfassung der Wirklichkeit in die Tat umzusetzen. Die Antwort darauf lautet: Krieg dem Ganzen, zeugen wir für das Nicht-Darstellbare, aktivieren wir die Differenzen, retten wir die Differenzen, retten wir die Ehre des Namens."

Es war Nietzsche, der diese Pervertierung des Wissens, wie es sich unter den Bedingungen des technischen und wissenschaftlichen Fortschrittes immer mehr vertieft hatte, als erster erkannte und daraus eine in vieler Hinsicht mißverständliche Moral der Umkehr und Rückbesinnung formulierte. Ziel dieser Rückbesinnung ist für ihn die Wiedergewinnung einer Vernunft als ekstatische Vernunft, wie er sie nur in der Antike zu finden glaubt. Es sei hier dahingestellt, inwieweit Nietzsche damit sein Unverständnis gegenüber der jüdisch-christlichen Kultur zeigt. Unabhängig von solchen Bewertungen ist sein Begriff des „Rausches" als Phänomen der Selbstbegegnung und, damit verbunden, die Bedeutung von Schein, Illusion und Täuschung als Steigerung eine große philosophische Leistung des ausgehenden 19. Jahrhunderts, die den Schein nicht bloß als Täuschung versteht, sondern als Ausdruck einer Selbstbejahung[30]. Selbstwissen wird hier nicht aus der identifikativen Präsenz heraus konstruiert, vielmehr wird diese Konstruktion als Dekadenz entlarvt. Demgegenüber findet sich für Nietzsche das Selbst innerhalb der „großen Vernunft", die einen Bezug auf das Leben herstellt. Das Leben selbst tritt als Gegenüber auf, das sich hingibt. Die große Vernunft erkennt das Leben als Geschenk und sucht in seinem Verstehen und Handeln die Antwort darauf[31]. Die Verweigerung dieses Austausches wird als Schmarotzertum entlarvt[32]. Ursprung dieses Schmarotzertums ist die Hinnahme des Lebens als Faktum. Die Hinnahme des Lebens als „Gegebensein" oder gar „Geworfensein" sind einseitige Formen des Erkennens. Für Nietzsche hat damit das Erkennen auch einen ethischen Hintergrund, vor dem sich die Haltung zum Leben zu erkennen

---

[30]Nietzsche, 13/229: „Der Wille zum Schein, zur Illusion, zur Täuschung, zum Werden und Wechseln gilt hier tiefer und ursprünglicher 'metaphysischer' als der Wille zur Wahrheit, zur Wirklichkeit, zum Sein: - letzterer ist selbst bloß eine Form des Willens zur Illusion. Ebenso gilt die Lust ursprünglicher als der Schmerz: der Schmerz ist nur bedingt als eine Folge des Willens zur Lust (des Willens zum Werden, Wachsen, Gestalten, folglich zur Überwältigung, zum Widerstand, zum Krieg, zur Zerstörung). Es wird ein höchster Zustand der Daseins-Bejahung concipiert, in dem sogar der Schmerz, jede Art von Schmerz als Mittel der Steigerung ewig einbegriffen ist: der *tragisch - dionysische* Zustand."

[31]Nietzsche, 4/250: „Also will es die Art edler Seelen: sie wollen Nichts *umsonst* haben, am wenigsten das Leben. Wer vom Pöbel ist, der will umsonst leben; wir Anderen aber, denen das Leben sich gab, - wir sinnen immer darüber, *was* wir am besten *dagegen* geben!"

[32]Nietzsche, 4/244: „und das widrigste Thier von Mensch das ich fand, das taufte ich Schmarotzer: das wollte nicht lieben und doch von Liebe leben."

gibt. Jedes Erkennen ist auch ein Verhalten-zu, das einen wesentlichen Anteil an diesem Erkennen hat. Die Erkenntnis des Seins als bloß faktisches Gegebensein gehört zu einem Schmarotzerverhalten des Ich, das vom Leben geliebt werden will, aber nichts dafür zu geben bereit ist. Erkennen und Lieben sind auseinandergefallen, wenn Gegebensein nicht mehr vom Geben her verstanden wird. Dabei spielt es für Nietzsche keine Rolle, daß der Geber dieser „Gabe" anonym bleibt, ja es entspricht sogar seiner antichristlich geprägten Konzeption des Lebens. Auch in dieser Anonymität verliert die Natur nichts von ihrer Hingebung an die Kreaturen. Natürlich ist hierzu ein neuer Begriff von Liebe zu entwickeln, den Nietzsche aus der kindlichen Unschuld heraus verstehen will. Die Unschuld wird zum Inbegriff der natürlichen Selbstlosigkeit, die, im Gegensatz zur christlichen, nicht nach höheren Werten ausblickt. Selbstlosigkeit als reine Verausgabung, wie sie im Bild des „aus sich rollenden Rades" angedeutet ist, zeigt sich als Form einer ekstatischen Vernunft, für die das Gegebensein der Fakten, also das bloße Gegebensein bereits Geliebtwerden bedeutet, das zu einer rauschartigen Gegenliebe anregt.

Die Tragweite dieses mehrdeutigen Begriffs des Rausches wird erst in seinem Zusammenhang mit *Gesundheit* voll erfaßt werden. Rausch wird zum Mittel einer ekstatisch verstehenden Vernunft, allerdings radikal auf das Individuum und seine Physiologie beschränkt. Die Erweiterung dieses Standpunktes wird erst in solchen Ansätzen zu finden sein, die den physiologisch-rauschhaften Dialog mit dem Leben auf die Einmaligkeit eines Du-Verhältnisses erweitern. Ekstase bekommt erst dann die eigentliche Bedeutung des Verstehens in einem Über-*sich*-hinausgehen, ja es zeigt sich, daß Verstehen nur in dieser transzendierenden ekstatischen Haltung überhaupt stattfindet[33]. Damit wird der Blick frei auf den Zusammenhang zwischen Verstehen und Gesundsein, zwischen Heil und Heilung.

5. Ekstasen des Verstehens

Der Begriff des Verstehens ist von Dilthey als Gegensatz zu der in den Naturwissenschaften gebräuchlichen Wissensform des Begreifens heraus-

---

[33]Dilthey, 7/191: „Das Verstehen ist ein Wiederfinden des Ich im Du [...]."

gestellt worden. Das Aufkommen der Geisteswissenschaften als Gegengewicht zu den Naturwissenschaften muß von dem Anspruch her gesehen werden, dem Subjekt seine Eigenständigkeit und Ganzheit in einer eigenen Wissenschaftlichkeit zu bewahren[34]. In den Analysen zur Entfremdung und zum Produkt suchen Marx und Dilthey gleichermaßen nach einem Verstehen des Menschen aus seiner Geschichtlichkeit. Wie später in der Lebensphilosophie und Existenzphilosophie wird die Würde des Menschen jenseits der Funktionalität und Produktivität gesehen. Ein solcher Blick auf die Ganzheit seiner Geschichtlichkeit ist damit nicht nur eine Befriedigung der Neugier, sondern ist eine Suche nach einer bereits nicht mehr vollständigen Ganzheit der Würde.

Vor diesem Hintergrund muß die Bedeutung gesehen werden, die Dilthey dem Verstehensbegriff gibt. Im Verstehen hat die Vernunft die Möglichkeit der Selbstbeobachtung. Sie versteht, indem sie eine spezielle Erkenntnis auf die Gesamtheit der Existenz bezieht. Dieser Bezug ist eine Übertragung der eigenen Lebendigkeit in fremdes Dasein[35]. Die Problematik bei dieser ergänzenden Übersetzung besteht darin, daß es Kriterien der Anpassung oder des Wiederkennens geben muß. Hier ist die Basis des bloßen Lebens, das den Individuuen gemeinsam ist und das sie sich in Erleben, Ausdruck und Verstehen vermitteln, zu unspezifisch. Heidegger konkretisiert diesen Bezug in der Kategorie der Sorge und macht mit dieser Bestimmung den Selbstbezug zugleich zur Selbstauslegung. Alle äußere Erfahrung bekommt von der Vernunft die Ausrichtung auf einen Sinn, wie

---

[34]Dilthey, 7/136: „Nicht begriffliches Verfahren bildet die Grundlage der Geisteswissenschaften, sondern Innewerden eines psychischen Zustandes in seiner Ganzheit und Wiederfinden desselben im Nacherleben. Leben erfaßt hier Leben [...] So bemerkt man auch an diesem Punkt eine durchgreifende Verschiedenheit zwischen Natur- und Geisteswissenschaften. Dort entsteht die Sonderung unseres Verkehrs mit der Außenwelt vom naturwissenschaftlichen Denken, dessen produktive Leistungen *esoterisch* sind, und hier erhält sich ein *Zusammenhang* zwischen Leben und Wissenschaft, nach welchem die gedankenbildende Arbeit des Lebens Grundlage für das wissenschaftliche Schaffen bleibt." [Hervorh. zugef.]

[35]Dilthey, 5/318: „Fremdes Dasein aber ist uns zunächst nur in Sinnestatsachen, in Gebärden, Lauten und Handlungen von außen gegeben. Erst durch einen Vorgang der Nachbildung dessen, was so in einzelnen Zeichen in die Sinne fällt, ergänzen wir dies Innere. Alles: Stoff, Struktur, individuellste Züge müssen wir aus der eignen Lebendigkeit übertragen. [...] Wir nennen den Vorgang, in welchem wir aus Zeichen, die von außen sinnlich gegeben sind, ein Inneres erkennen: *Verstehen*." Übersetzung als Sinngebung aus der eigenen Lebendigkeit ist nur unter der Voraussetzung einer ekstatischen Ausrichtung möglich.

bei Dilthey, der Sinn ist jetzt aber konkretisiert in der Sorge. Damit bekommt die Sinnstruktur einen ekstatischen Charakter, sie ist zeitlich auf die Horizonte ausgerichtet.
Heideggers Begriff der Ekstase hat auch diese zeitliche Bedeutung. In der Ausrichtung an den Ekstasen der Zeit kommt das Dasein zu einer reflexiven Lichtung. Simmels ästhetischer Ansatz bringt die ausstehenden Zeiträume konkret zur Anwesenheit. Im Portrait vereinigen sich Vergangenheit und Zukunft zu einem ekstatischen Augenblick. Hier kommt die Dialektik von Anwesenheit und Abwesenheit zum Ausbruch. Das Porträt meint zwar diesen Moment, den es darstellt, es zeigt ihn aber als gewordenen und noch in ein Leben hinausstehenden Augenblick. Das Porträt ist damit Sinnbild der ekstatischen Vernunft, indem es die Eingebundenheit des Augenblicks in die Zeit wie kein anderes Beispiel verdeutlicht.
Auch W. Benjamins Begriff der „Aura" als „Anwesenheit einer Ferne, so nahe sie sein mag"[36] legt einen ekstatischen Vernunftbegriff zugrunde. Das zeitliche und räumliche Entfernte ist nicht abwesend, es ist im Bild oder im Erlebnis da, aber nicht so, daß es greifbar und begreifbar wäre. Die Aura bleibt auch für Benjamin noch unnahbar, wenngleich er sie nicht mehr auf das Heilige, sondern allenfalls auf das Schöne, eigentlich aber nur auf die Angst und das Tabu bezieht. Er sieht den Verfall der Aura und bejaht ihren Verlust in der Kunst[37]. Die Aura als Entfernung in der Zeit, genauer als Ferne-geben und Ferne-lassen der Vergangenheit, ist bei Benjamin zum okkulten Schein geworden und damit vom Fetisch kaum mehr zu unterscheiden. Die ekstatische Bedeutung, die die Aura bei Simmel und Klages hat, findet sich bei ihm nur noch in der Erzählung und ihrer Möglichkeit der Entfernung in die Vergangenheit[38]. Mit dem Zurückgehen und endlich derm Verlust dieses Ritus' wird Vergangenheit für ihn unwiederbringlich verloren sein. Jede technische Form des Wiederholens, also jede Reproduktion, zu der ja schon die Schrift gehört, löst Vergangenheit in Gegenwart auf und macht sie damit unwiederbringlich. Der Zugewinn an Präsenz durch die technischen Möglichkeiten der Reproduktion, gerade in Fotografie und Film, kann ferne Zeiträume der Vergangenheit vergegenwärtigen,

---

[36]Benjamin, 1963, 15.
[37]Benjamin, 1963, 41.
[38]Benjamin, 1977, 385ff.

aber um den Preis der Tilgung ihres Vergangenseins. Sie bekommen den Wert von Andenken, deren Geschichte verloren gegangen ist[39].
Der Verlust der Aura (und damit der Fernerfahrung als verwirklichter Ekstase) geht bei Benjamin einher mit einem Zwang zur Genauigkeit. Die Präzision als notwendige Bedingung technischer Konstruktionen hält hier Einzug in das existentielle Wissen und unterläuft die ekstatische Ausrichtung des Wissens. Der Anspruch einer korrekten und berechenbaren Identität ist existentiell, im Unterschied zur Technik, nicht erreichbar, sondern nur vortäuschbar. In seiner Kritik an den modernen Möglichkeiten der Technik und der Information, Ereignisse aus ihrem auratischen Umfeld herauszulösen, gibt Benjamin eine Bilanz der Reduktion ekstatischer Vernunft auf statische. Da auch der Erzähler weggefallen ist, bleibt nur der Übersetzer[40] als letzter Vollzieher von Transzendenz. Mit dieser Inventur gibt Benjamin das Bild der Kultur in ihrer Verödung wieder.
Verfall der Aura, repressive Vernunft und Fetischierung der künstlichen Welt der Ware zeigen die Vernunft also nur noch in einem statischen Verhältnis zu sich selbst. Der bloß statische Selbstbezug erscheint aber vor dem Hintergrund einer immer ekstatisch bleibenden Vernunft als pathologischer Bezug. Die Unfähigkeit zur Transzendenz ist keineswegs selbstgenügsam, wie dies ein Konzept der Identität zu suggerieren sucht, sondern wird als Mangel und Dekadenz erfahren. Davon zeugen nicht nur die späten Schriften von Nietzsche und alles, was lebensphilosophisch und kulturkritisch daraus hervorgegangen ist, auch in der Psychopathologie wird die Unfähigkeit zur Transzendenz zum Richtmaß „mißlingenden Daseins" (Binswanger). Ekstase ist hier die Grundform des sich selbst verstehenden Lebens, das obendrein, dem Verstehensbegriff Heideggers folgend, zum Verstehen gezwungen ist. Das Leben verwirklicht die Pflicht zum Verstehen in der Steigerung, aber auch, pathologisch, im Zwang. Hier ist der Zwang zum Verstehen zum Zwang der Wiederholung geworden.
Die Psychopathologie des Zwanges scheint also den inneren Kern der Repräsentation zu enthüllen. Die Verschiebung des Objekts in die Repräsentation hat zur Folge, daß die Wiederholung des Re-präsentierens zum sinnlichen Akt selbst werden muß. Hier ist nicht nur eine Veränderung des Bezugs zur Tranzendenz zu verzeichnen, sondern auch die Veränderung der Sinnlichkeit. Die „Tollheit auf Nähe", die Baudrillard in dem Begriff

---

[39]Benjamin, 1974, 177.
[40]Benjamin, 1977, 50ff.

der „Pornokultur" zusammenfaßt[41], hat damit eine doppelte Entsinnlichung zur Folge, die von Transzendenz und Immanenz. Die Pornokultur sucht alle Geheimnisse zu veröffentlichen und nimmt der Erfahrung ihren ekstatischen Grundanspruch auf Entdeckung. Im immer schon Entdeckten hat das Individuum, aber auch das Leben überhaupt keine Möglichkeit der Steigerung zum „Mehr-als-Leben". Es stagniert in demjenigen, was es immer schon sinnlich erfährt, informativ weiß und existentiell ist, der Identität.

Baudrillard hat den Begriff der Obszönität von seiner moralisierenden Komponente befreit und ihn zur Wahrnehmungs- und Erfahrungsform gemacht[42]. In der Obszönität begegnen sich Zur-Schau-stellung (production) und Realistik in einer eindimensionalen Form der Wirklichkeit, die von jeglichem Geheimnis gesäubert ist. Die Doppeldeutigkeit des französischen Wortes „production" läßt die Zur-Schau-stellung mit dem technischen und wissenschaftlichen Fanatismus der Hervorbringung zusammenfallen und gibt damit den Begriff einer nicht mehr selbstbewußten, sondern nur noch selbstgefälligen Vernunft.

Im Zusammenfall des Seins mit dem Realen wird die Realität zur Hyperrealität[43]. Hier ist aus dem Spiel, in dem die Vernunft ekstatisch sich gestaltet und zur Vision der Ganzheit des Seins kommt, ein brutaler Ernst geworden, in dem ausschließlich der Besitz eine Rolle spielt. Der Besitz ist die Steigerung des Begriffs auf dem Wege der realistischen Annäherung. Die Vernunft nimmt sich bei diesem Festsetzen aber ihre eigene Freiheit, nicht nur die der Natur und des Anderen. Sie setzt sich selbst fest im Besitz des Anderen.

Ihr Hyperrealismus setzt den Anderen fest und macht sie damit von ihm besessen. Diese Besessenheit kommt in allen Bezügen zu sich und zum Anderen hervor. Der Besitz des Augenblicks wird zur Besessenheit im

---

[41]Baudrillard, 1992, 53: „Kultur der Entsublimierung des Scheins: hier materialisiert sich alles in der allerobjektivsten Weise. Eine Kultur, die stets die Lösungsverfahren des Realen anstrebt, ist eine Pornokultur schlechthin. Ebenfalls eine Pornokultur ist diese Ideologie des Konkreten, der Faktizität, des Nutzens, der Vorrangstellung des Gebrauchswertes, der materiellen Infrastruktur der Dinge, der materiellen Infrastruktur des Wunsches."
[42]Baudrillard, 1992, 57: „Überreizte Realistik, manische Besessenheit vom Realen: das ist das Obszöne, im etymologischen und grundsätzlich in jedem Sinne des Wortes."
[43]Baudrillard, 1992, 47: „Der Hyperrealismus ist kein Surrealismus, er ist eine Sichtweise, die die Verführung vermittels übergroßer Sichtbarkeit austreibt."

Wiederholungszwang, der Besitz von Zukunft und Vergangenheit wird zum nackten Grauen der ewigen Wiederkehr des Gleichen, der Besitz des Anderen als Leib wird zur Besessenheit von seiner leiblichen Schönheit und der Besitz von Welt wird zur voyeuristischen Besessenheit.
Damit verbunden ist der schnelle und unmittelbare Zugriff auf alle Erlebnisse und Wissensinhalte. In der Pornokultur ist die Unmittelbarkeit als Wissens- und Erlebensform kultiviert und damit die Besessenheit und die Sucht. Sie ist die Kultur der Distanzlosigkeit. Das an der reinen Gegenwart und Vergegenwärtigung (Repräsentation) orientierte Lebensgefühl ist auf dem Prinzip der Verfügbarkeit aufgebaut. Die Verfügung betrifft aber nicht nur das Handeln und damit den Zugriff auf die natürlichen und menschlichen Ressourcen, sie betrifft auch das Wissen und damit automatisch das Sich-wissen und Verstehen. Das ekstatisch angelegte Verstehen wird bei der Repräsentation zu einem immanenten, also auf reine Vergegenwärtigung und Verfügung beschränktes Erfassen gezwungen. Diese erzwungene Immanenz ist nichts anderes als Besessenheit und Sucht nach Präsenz. Alle Zeichen sind zur Vergegenwärtigung gezwungen, und alle Spuren müssen eingeholt werden. Die zeitliche Ekstatik, die zur Besessenheit der Wiederholung von Gegenwart, Vergangenheit und Zukunft wird, kann sich nur noch steigern, indem Gegenwart noch gegenwärtiger gemacht wird. Die Kultivierung der Immanenz ist die Kultivierung der Sucht und Besessenheit. Hier ist die Vernunft nicht mehr ekstatisch, sondern wird von ihrer eigenen Festlegung beherrscht. Es entspringt der Konflikt zwischen Verfügung und Hingabe, zwischen Vergegenwärtigung und Transzendenz. Soweit Kultur auf die Immanenz in Zeit, Raum und Grund setzt, wird die ekstatische Vernunft sich nur in die Sucht und Besessenheit versteigen können.
Ekstasen des Verstehens sind also keine paradoxen Eigenschaften, sondern die der Vernunft selbst gegenwärtigen Bewegungen auf das Fremde. Diese Bewegung ist immer eine Steigerung, also kein gradliniges Hin-zu oder Weg-von. In dieser Steigerung ist aber der Bruch inbegriffen, den Vernunft in ihrer Selbsterfassung erfährt und der nur vor dem Maßstab der Identität als dramatisch gelten kann[44].

---

[44]So ist Sartres Freiheitsbegriff eines unbedingten Für-sich unter dem Aspekt der ekstatischen Ausrichtung der Vernunft die Gewißheit des in seinem Wissen um die Welt und um sich gebrochenen Menschen. Dieser Bruch hat aber zwei Seiten. Die eine meint den ekstatischen Aufbruch aus allen Wirklichkeiten durch die Freiheit, die andere meint den

Das Selbst als Identität wird von der Vernunft zum Scheitern gebracht[45]. Das Scheitern zeigt sich in drei Grundformen: (der) Verzweiflung, (der) Ehrfurcht und (der) Bewunderung. In diesem Scheitern gibt sie ihre logische und formale Anbindung an das eigene Konstrukt auf. Sie verläßt das Selbstgenügsame, das Selbstverständliche und das Selbstbestimmte, um zu dem aufzubrechen, was in nicht selbstgenügsamer, selbstverständlicher oder selbstbestimmter Weise ihr gegenwärtig ist. In diesen Ekstasen des Verstehens scheitert das Ich an seiner Identifizierung, um sich gerade in diesem Scheitern neu zu erfassen.

Dieser Aufbruch macht die Vernunft zu einer Vernunft des Unterwegsseins. Dabei wird klar zu unterscheiden sein, ob der Aufbruch glückt und zu einem „gelungenen" Überstieg und zu einer „heilsamen" Ekstase führt, oder ob er im Versteigen und Absturz „mißlingt". Vernunft ist kein bloßes Aus-sich-heraus, kein unspezifisches Steigern oder Sich-hingeben ins Blaue. Der Bruch, der sich in den Ekstasen des Verstehens als Verzweiflung, Ehrfurcht und Bewunderung zeigt, ist kein Aufbruch in das Nichts, sondern ein Aufbruch zum Ursprung und als Ursprung. Der Aufbruch scheitert, wenn das steigernde und sich übersteigende Ich das Du nicht erreicht, sondern in der bloßen Negation des Selbst oder sogar im reinen Nichts ankommt. Diese Begegnung des Du, was immer damit konkret an Erfahrung und Erkenntnis verbunden ist, ist die notwendige Bedingung aller Erkenntnis und Erfahrung und spannt Vernunft in einen Dialog ein. Innerhalb dieses Dialogs kann es zum Verstummen[46] kommen, und diese Situation ist gegeben, wenn Vernunft nur noch das Selbstgegebene, Selbstverständliche und Selbstbestimmte erhört. Wenn das Du sich ab-

---

ekstatischen Zusammenbruch aller selbstgegebenen Wirklichkeiten aus dem Fehlen jeder Eigenbegründung durch ein An-sich. Diese zwei Seiten vereinigen sich für Sartre zu einer „Verdammung zur Freiheit", einem Paradox, das dem Paradox einer ekstatischen Vernunft vergleichbar ist. Doch auch der Unterschied ist deutlich. Sartres Existenz ist reine und abstrakte Autonomie und wehrt sich gegen jede Form der Entäußerung. So erzeugt schon die Erfahrung des eigenen Leibes im Spiegel oder vom Blick des Anderen her Ekel. Geht man aber davon aus, daß der Leib hier nur repräsentiert ist, dann ist der Ekel nicht nur Verneinung, sondern wird zu einem Mittel der Überwindung von abstrakter Autonomie. Das Doppelgesicht von Scheitern und Aufbruch zeigt die Vernunft in ihrer ekstatischen Fähigkeit des Vernehmens und der Entbindung und Loslösung im Ekel (Sartre, 1943).

[45]Jaspers spricht vom „Vielfachen" des Scheiterns, vgl. Jaspers, 1973, 3/220f.
[46]Grätzel, 1997.

kehrt, dann verstummt auch der innere Dialog und wird zum „nackten Grauen" einer nur noch sich selbst vernehmenden Vernunft.
Was dieser auf der bloßen Autonomie fußenden Vernunftkonzeption verborgen ist, ist der nur im Dialog und als solcher mögliche Opfergedanke. Opfer und Hingabe sind keine philosophischen Themen mehr, sondern theologische oder ethnologische, weil sie nicht von der Autonomie her verstanden und abgeleitet werden können und einer sich-vernehmenden Vernunft gegenstandslos erscheinen. Weder in die Kooperation von Spontaneität und Rezeptivität einer theoretischen Vernunft noch in die Pflicht der praktischen Vernunft läßt sich das Opfer eingliedern und unterbringen. Im Gegenteil kann die Autonomie auf das Opfer verzichten, weil die Pflicht die ethische Leistung gegenüber dem Anderen wesentlich stärker und strenger erfaßt als die Hingabe und das Opfer.
Von einer als bloßer Pflicht verstandenen Autonomie her ist aber die Ekstase der Vernunft nicht zu verstehen, da der Bruch im Wissen nicht zum Thema der Vernunft und des Vernehmens gemacht wird. Das Handeln aus Pflicht ist ungebrochen. Die andere Seite jenseits der Grenze der Autonomie als Selbstgegebenheit wird zwar thematisiert, aber nicht integriert, da sie nicht wißbar ist. Im Opfer wird genau diese Jenseitigkeit des Andern vorgestellt, geoffenbart und damit auch verstehbar, und zwar nicht nur als Postulat, sondern als Gewißheit.
Dabei wird der kommunikative und dialogische Charakter des Opfers deutlich. Die Hingabe des Opfernden wird in der Annahme des Opfers *verstanden*. Dieses Verstehen ist von besonderer Art, da es weder im Vergleich noch in der Gegenüberstellung gefunden wird. Auch ist die Hingabe nicht einfach Verzicht, schon gar nicht kalkulierender Verzicht. Überhaupt spielt der Gegenstand, der geopfert wird oder auf den verzichtet wird, keine Rolle. Entscheidend ist die Haltung und das Selbstverstehen des Opfernden. Es ist das Selbst, das sich hingibt und das in diesem Akt als Selbst aufgefaßt wird. Das Opfer offenbart also das Selbst und macht es frei für die Anschauung und Selbsterfahrung. Ohne dieses Aus-sich-heraus verbleibt es im grauenvollen und schmarotzenden Selbstvernehmen.
Ein solches Selbst kann aber weder von sich noch vom Anderen als autonom gesehen werden. Zur Autonomie gehört also eine Offenbarung, die nur in einer Hingabe möglich ist, zu der es ein reziprokes Erfassen und Aufnehmen, als eine Hinnahme geben muß. Das Opfer als Selbst- und Fremderfahrung ist das Apriori für die Autonomie, in ihm wird Autonomie

erst möglich. Erst nach dieser Offenbarung des Inneren in der Hingabe kann dieses Innere vorgestellt und erfaßt werden, wobei die autonome Erfassung diesen dialogischen Ursprung nicht wieder ausgrenzt, sondern ihn integriert und für sich vereinnahmt.

Im Handeln aus Pflicht verliert sich der Ursprung der Autonomie aus dem Opfer. Hingabe und Hinnahme werden nicht mehr als Zeichen des Lebens selbst verstanden. Entsprechend erscheinen die ekstatischen Brüche der Verzweiflung, der Ehrfurcht und der Bewunderung auch als gefährliche Momente des Zerbrechens von Autonomie. Hier scheint die Selbständigkeit der Vernunft bedroht. Verzweiflung erscheint als Kapitulation, Ehrfurcht als Unterwürfigkeit und Bewunderung als sentimentale Schwäche. Für eine sich selbständig haltende Vernunft sind die Brüche Negationen. Für eine aus der Hingabe sich verstehende Vernunft aber geben diese Brüche die Möglichkeit vor, aus der Selbstbefangenheit der Vernunft herauszukommen und die für das Verstehen notwendige Öffnung zu vollziehen. Sie werden zur Nahtstelle zwischen Innen und Außen und widerstehen der anderen und wirklichen Gefahr der in der Selbstbefangenheit stehenbleibenden Vernunft. Die Ekstasen des Verstehens reißen die Vernunft aus der Versachlichung von Welt und Selbst heraus. Dieses Herausreißen erscheint als Bedrohung der Autonomie, wenn Autonomie nur von der Selbstgebung der Gesetze her gesehen wird. Die Vernunft, die sich diesen Blick in ihrem Selbstvernehmen und ihrer Selbstgegebenheit verstellt hat, findet erst in dieser Entsachlichung aus der Befangenheit durch sich selbst heraus. Das ekstatische Vernehmen öffnet damit den Blick auf den Anderen und das Andere.

II. Ekstasen des Sich-wissens
A. Die ganzheitlichen Bezüge
1. Der ekstatische Bezug zum Leben

Ekstatische Vernunft ist zunächst negativ zu bestimmen als Begriff einer sich nicht unmittelbar gegebenen und auch nicht identifikativ zu konstruierenden Einheit. Wichtig an dieser negativen Bestimmung ist die Tatsache, daß diese Vernunft nicht durch logische Gleichsetzungen gegründet ist. Nietzsche bezweifelt schon in seinen frühen Schriften die Bedeutung und Reichweite logisch-identifizierender Sinnbildungen und mißt ihnen dort[47] noch den Wert des „Apollinischen" zu. Der Dualismus „apollinisch - dionysisch" wird in der Spätschrift (Götzendämmerung) dann relativiert, indem auch das Apollinische dem Rausch zugeordnet wird[48]. Logik ist damit kein in sich gegründetes System, sondern weist durch ihre physiologische Bedeutung auf den Leib und seine „große Vernunft". Das logisch-identische Selbstbewußtsein ist die „kleine Vernunft", die damit nicht nur in einer vollständigen Abhängigkeit von dieser großen, der leiblichen, Vernunft steht, sondern auch noch das Erscheinungsbild und den Ausdruck derselben darstellt[49]. Die Leiblichkeit, die schon bei Schopenhauer, seinem in diesem Punkt unmittelbaren Vorgänger, eine über die bloße Körperlichkeit hinausgehende Bedeutung hat, indem sie auch dort schon Erkenntnisorgan für den Willen ist, wird für Nietzsche zur physiologischen Vernunft mit eigener Geschichte und Zukunft[50].

Leibliche Vernunft ist hier in erster Hinsicht die Selbstbildung und Höherbildung des Leibes, die zugleich auch erfahren und verstanden wird und sich in den leiblichen Grundurteilen des Schönen und Häßlichen niederschlägt. Diese Vernunft erklärt keine leere Autonomie zu ihrem Inhalt, sie ist auch nicht, wie bei Schopenhauer, das Zusammentreffen von innerer und äußerer Erfahrung. Leibliche Vernunft ist die Wahrnehmung der Lebensbewegung selbst, die die Individuen durchläuft und sie an ihrer ununterbrochenen Steigerung teilnehmen läßt. Leibliche Vernunft ist dehalb nie bloßes Vernehmen, sie hat immer die zwei Seiten des *Ausdrucks und Verstehens*. Die Vernunft nimmt die Gestalt des Lebens physiologisch wahr

---

[47]Nietzsche, 1/26ff.
[48]Nietzsche, 6/117f.
[49]Nietzsche, 4/39ff.
[50]Grätzel, 1989.

und stellt sie zugleich dar. Sie erfaßt das Schöne in der Lebenssteigerung und das Häßliche im Verfall. Die leibliche Vernunft ist für Nietzsche eine reflexive Vernunft.
Nietzsches Begriff der Schönheit als Gattungserlebnis und konkreter als Gattungseitelkeit ist ein komplizierter Zusammenschluß aus seinem Gedanken der Steigerung, verbunden mit dem Sich-wissen einer großen Vernunft. Wenn der Mensch etwas Schönes wahrnimmt, also einen Gegenstand, der ihn in dieser Weise erfreut oder bewegt, dann ist dies schon eine Übertragung der menschlichen Schönheit auf Dinge. Vorbild der äußeren Schönheit ist der Mensch und sein Leib, ursprünglich der einzige Gegenstand, der schön ist[51]. Doch auch der Leib ist nicht an sich schön, er hat dieses Merkmal nicht als einen objektiven oder objektivierbaren Bestand, sondern er ist nur schön, weil der Mensch im Leib seine Gattung anschaut und damit eine Anschauung des Typus hat, nicht einzelner Gegenstände. Die Anschauung oder Wahrnehmung des Typus ist eine reflexive Anschauung, eine Selbstanschauung, die nichts anderes sieht als den Aufstieg und Abstieg des Typus, der Gattung. Nietzsche bezeichnet diesen inneren Sinn, der gleichsam instinkthaft die Dynamik der Gattung wahrnimmt, als große Vernunft, also mit dem Begriff einer auf höchster Ebene erkennenden Intellektualität. Dies ist nur daraus zu verstehen, daß die Dynamik kein bloßer Lebenstrieb oder Drang ist, der das intellektuelle Leben aufbläht oder bloß trägt. Hier handelt es sich um eine Intellektualität des fälschlicherweise bloß vegetativ verstandenen leiblichen Seins.
Mit der Konzeption der großen Vernunft hat Nietzsche ein Tor der Erkenntnis aufgestoßen, durch das bisher nur wenige gegangen sind. Das Sich-wissen des Menschen setzt sich zusammen aus dem Sich-wissen der Individualität, der „kleinen Vernunft", die im Gegensatz zu ihrer Selbsteinschätzung nicht autonom ist, und dem erwähnten Sich-Wissen der Gattung, der „großen Vernunft", die die Lebensbewegung des einzelnen Wesens, aber auch einer Gemeinschaft und ihrer Kultur, erfaßt und ausdrückt. Auf diese Weise wird die Differenz zwischen der individuellen Lebensform und dem Leben selbst deutlich.

---

[51]Nietzsche, 6/124: „Nichts ist schön, nur der Mensch ist schön: auf dieser Naivität ruht alle Aesthetik, sie ist deren *erste* Wahrheit. Fügen wir sofort noch deren zweite hinzu: Nichts ist hässlich als der *entartende* Mensch, - damit ist das Reich des ästhetischen Urtheils umgränzt."

Nietzsches leibliche Vernunft ist keine materalistische Umdeutung eines idealistischen Konstrukts, wie wir es bis in unsere Tage im Grenzbereich zwischen Philosophie und Biologie finden, wo von hüben und drüben versucht wird, einem geistigen Phänomen seine biologische Grundlage oder einem naturwissenschaftlichen Phänomen seine geistige Epiphänomenalität nachzuweisen. Diese unwissenschaftlichen Versuche, die in ihrer das Menschenbild entstellenden Weise auch ethisch höchst problematisch sind, können mit Nietzsches Worten zur kleinen Vernunft gerechnet werden, weil sie substantialistische Feststellungen eines eigentlich prozessualen Vorganges sind. Vernunft sucht als reflexives Vermögen ihren Ursprung im Leben und in der durch die steigernde Bewegung gezeichneten Gestalt. Gestalt ist dabei immer mehr als bloße Form, die bloß statisch gedacht werden kann, sie ist bewegt und damit ekstatisch.

Nietzsche hat diese Dynamik erfaßt, angefangen bei dem durch die leibliche Bewegung erzeugten Ausdruck und dem hieran gebundenen Ausdrucksverstehen bis hin zur Erzeugung und Erfassung der Lebensbewegung selbst im Rausch. Zeichen und Ausdruck haben immer die Referenz auf die Lebensbewegung und stellen daher auch in ihrer Reflexivität keine Selbstbezüge oder gar sachlichen Verweise dar[52]. Die Referentialität der Zeichen, ihr Etwas als Etwas, sowie die Selbstbezüglichkeit logischer Operationen sind bereits das Werk der kleinen und verkleinernden Vernunft und dienen bloßer Orientierungshilfe, haben aber keine verstehende Bedeutung. Verstehen ist Erfassung der Lebensbewegung in Liebe, Haß, Zuneigung, Abneigung, Lust und Angst. Die Offenbarungen solcher Bewegungen sind nur aus der Selbstgegebenheit des Lebens verständlich, die sich wiederum in den Formen der Hingabe und Leidenschaft zeigt. Daß es dabei nicht um unmittelbare Gefühle geht, wird auch schon bei Nietzsche deutlich, da für ihn auch negative Ausdrucksformen wie Angst, Pessimismus und Verachtung aus der Steigerungsbewegung des Lebens abgeleitet werden und schon von ihr her verständlich werden. Die Selbstgegebenheit des Lebens im Ausdruck ist deshalb zugleich schon Auslegung des Lebens. Leben ist kein positiver Verlauf und Ablauf, sondern Ausdruck und Auslegung der im Steigern sich offenbarenden Lebensbedeutung.

Grundlegend an dieser Konzeption der Vernunft ist ihr existentiell-ekstatisches Verhältnis zum Leben, das nichts mit den Vorstellungen einer

---

[52] Grätzel, 1996.

formal sich vergewissernden Vernunft gemein hat. Der existentielle Bezug, der auch für das einzelne und individuelle Nachdenken gilt, wird in einer zum bloßen Selbstbezug umgedeuteten Verstehensform zur Perversion des scheinbar in sich gegründeten und sich selbst entwickelnkönnenden Denkens. Dabei kommt es zu einer Vertauschung von Ursache und Wirkung als schwerwiegender Folge eines am formalen Selbst ausgerichteten Denkens. Die Mißdeutung des Lebens liegt darin, daß die kleine Vernunft das Leben selbst nicht mehr als Ursache sieht, sondern sachliche Gründe sucht und erfindet und damit das kausale Verhältnis vertauscht. Die sachlichen Gründe sind aber nicht die Ursache, sondern bereits die Wirkung der Explikation des Lebens[53].

Nietzsche eliminiert das pervertierte Kausalverhältnis und bringt es in seine ursprüngliche Form zurück, indem er alle sachlichen und moralischen Gründe existentiell auf das Leben ausgerichtet und rückbeziet. In diesem Verfahren ist Nietzsches „Umwertung der Werte" zu sehen. Alle moralisch-sachlichen Werte werden auf das Leben bezogen, um sich als Wirkungen eines „Instinktverlustes" oder einer „Steigerung" des Lebens zu erweisen. Nietzsches Methode der existentiellen Bezugnahme auf das Leben kann als ekstatisches Sich-wissen der Vernunft bezeichnet werden.

Sie wird in der Kunst angewendet, die deshalb zur wichtigsten Aufgabe des Menschen wird. Hier spiegelt sich das Leben als Rausch, Steigerung und Liebe. Der Spiegelvorgang, und darin liegt seine ekstatische Ausrichtung, ist nicht im heutigen Verständnis der Physiologie determinativ, sondern reflexiv-kreativ[54]. Aus diesem Grund kann Nietzsche, auch gegen sein eigenes Urteil, in der direkten Nachfolge zu Kant gesehen werden. Sein Mißverständnis Kants geht von den Begriffen der Interesselosigkeit und Zwecklosigkeit aus[55]. Für Nietzsche sind dies Konzeptionen der Ver-

---

[53]Nietzsche, 6/89: „Langes Leben, eine reiche Nachkommenschaft ist nicht der Lohn der Tugend, die Tugend ist vielmehr selbst jene Verlangsamung des Stoffwechsels, die, unter Anderm, auch ein langes Leben, eine reiche Nachkommenschaft [...] im Gefolge hat."
[54]Nietzsche, 13/299f: „Der Liebende ist mehr werth, ist stärker. Bei den Thieren treibt dieser Zustand neue Stoffe, Pigmente, Farben und Formen heraus; vor allem neue Bewegungen, neue Rhythmen, neue Locktöne und Verführungen. Beim Menschen ist es nicht anders. Sein Gesammthaushalt ist reicher als je, mächtiger *ganzer* als im Nichtliebenden. Der Liebende wird Verschwender: er ist reich genug dazu."
[55]Nietzsche 6/127: „Die Kunst ist das große Stimulans zum Leben: wie könnte man sie als zwecklos, als ziellos, als l'art pour l'art verstehn?"

neinung des Lebens. Die Kunst kann aber für ihn nicht auf der Verneinung des Lebens aufgebaut sein, sondern ist vielmehr das Mittel seiner Bejahung. Damit schließt sich aber Nietzsche klar an die von Platon und Kant gefundene Bejahung durch die Schönheit an. Bei Platon regt sie zur Zeugung an, während sie bei Kant von der Arbeit der Bestimmung entbindet. Mit Kant teilt Nietzsche die Reduktion dieses ekstatischen Vorgangs auf die Reflexion im Individuum, ja er verschärft diese Verinnerlichung, indem er aus der Reflexion einen physiologischen Vorgang macht. Alle Bewegungen im Individuum sind mimischer und verstehender Art. Die Individuen suggerieren mit physiologischen Bewegungen zugleich eine bestimmte Mitteilung[56]. Der Rausch ist hierbei von grundlegender Bedeutung, weil er den physiologischen Zustand entgrenzt und damit die Dimension des Außer-sich-seins schafft. Im Rausch als entgrenzendem Zustand liegt deshalb auch die Quelle der Sprache[57]. Die Leiblichkeit entgrenzt sich hier und erreicht in dieser *physiologischen Ekstase* den Anderen. Sie gibt Bewegungsspuren des Lebens an den Anderen, aber auch an die Natur und an die Dinge, die sie umgeben, ab[58]. Im Künstler ist dieses ekstatische Vermögen die Normalität, weshalb er auch Geburtshelfer für neue Sprachen, Gebärden und Mitteilungen ist. Mit seiner erhöhten Spontanietät und Rezeptivität verkörpert er die Ekstase[59].

---

[56]Nietzsche, 13/297: „Jede Erhöhung des Lebens steigert die Mittheilungs-Kraft, insgleichen die Verständniß-Kraft des Menschen. Das *Sich-Hineinleben in andere Seelen* ist ursprünglich nichts Moralisches, sondern eine physiologische Reizbarkeit der Suggestion: die 'Sympathie' oder was man 'Altruismus' nennt, sind bloße Ausgestaltungen jenes zur Geistigkeit gerechneten psychomotorischen Rapports [...] Man theilt sich nie Gedanken mit, man theilt sich Bewegungen mit, mimische Zeichen, welche von uns auf Gedanken hin *zurückgelesen* werden ..." Vgl. Grätzel, 1996.
[57]Nietzsche, 13/296: „Der aesthetische Zustand hat einen Überreichthum von Mittheilungsmitteln, zugleich mit einer extremen Empfänglichkeit für Reize und Zeichen. Er ist der Höhepunkt der Mittheilsamkeit und Übertragbarkeit zwischen lebenden Wesen - er ist die Quelle der Sprachen."
[58]Nietzsche, 6/116: „Damit es Kunst giebt, damit es irgend ein ästhetisches Thun und Schauen giebt, dazu ist eine physiologische Vorbedingung unumgänglich: der Rausch. Der Rausch muß erst die Erregbarkeit der ganzen Maschine gesteigert haben: eher kommt es zu keiner Kunst. [...] Das Wesentliche am Rausch ist das Gefühl der Kraftsteigerung und Fülle. Aus diesem Gefühl giebt man an die Dinge ab, man *zwingt* sie von uns zu nehmen, man vergewaltigt sie, - man heisst diesen Vorgang *Idealisiren*."
[59]Nietzsche, 13/356: „Die physiologischen Zustände, welche im Künstler gleichsam zur 'Person' gezüchtet sind, die an sich in irgend welchem Grade dem Menschen überhaupt anhaften: 1. der *Rausch*: das erhöhte Machtgefühl; die innere Nöthigung, aus den Din-

Nietzsche teilt mit Kant den Gedanken der Entbindung in der Zwecklosigkeit, mit der Zuspitzung, daß Entbindung vom Zweck auf die Entfesselung der Lebensbewegung eingeschränkt wird[60]. In der Entfesselung steigert sich das Individuum und vereint sich darin mit der Lebensbewegung. Die Bedingung für die Steigerung des Individuums und sein Aufgehen in der Steigerung des Lebens selbst liegt im Vergessen, also im Absterben alter Gestalten. Diese Bedeutung der Reinigung entwickelt Nietzsche schon in seinen frühen Schriften[61]. Immer wieder kreist sein Gedanke um die Entbindung von der Vergangenheit, die in ihrer unerbittlichen Form des „Es-war" die Freiheit des Willens brüskiert. Das Vergangene ist zwar verneinbar und kann verdrängt werden, zu beseitigen ist es nicht. Des „Willens Zähneknirschen" rührt von der Begegnung mit dem Vergangenen her. Nicht im Verneinen und Verdrängen, sondern im Vergessen findet die Selbstreinigung des Bewußtseins statt.

Um den Unterschied zwischen Verdrängen und Vergessen zu erkennen, muß auf den Begriff des Spiels zurückgegangen werden. Das Spiel löst, so sieht es Schiller, die Bindung an physische und moralische Unmittelbarkeit auf und schafft damit jenen Raum, in dem Präsenzen zeitlich differenziert sind. Hier kommt es nicht zu den zeitlich undifferenzierten Bestimmungen, wie sie die Definition und Identität für sich beanspruchen. Für Nietzsche kommt das Spiel im Begriff der Unschuld hervor. Hier erneuert sich der

---

gen einen Reflex der eigenen Fülle und Vollkommenheit zu machen - 2. die *extreme Schärfe* gewisser Sinne: so daß sie eine ganz andere Zeichensprache verstehen - und Schaffen [...] ein Bedürfniß, sich gleichsam loszuwerden durch Zeichen und Gebärden; Fähigkeit von sich durch hundert Sprachmittel zu reden...ein *explosiver* Zustand [...]"
[60]Nietzsche, 4/111: „Auch im Erkennen fühle ich meines Willens Zeuge- und Werdelust; und wenn Unschuld in meiner Erkenntnis ist, so geschieht dies, weil Wille zur Zeugung in ihr ist."
[61]Nietzsche, 1/250f: „Es gibt einen Grad von Schlaflosigkeit, von Wiederkäuen, von historischem Sinne, bei dem das Lebendige zu Schaden kommt, und zuletzt zu Grunde geht, sei es nun ein Mensch oder ein Volk oder eine Kultur. Um diesen Grad und durch ihn dann die Grenze zu bestimmen, an der das Vergangene vergessen werden muss, wenn es nicht zum Todtengräber des Gegenwärtigen werden soll, müsste man genau wissen, wie groß die plastische Kraft eines Menschen, eines Volkes, einer Kultur ist, ich meine jene Kraft, aus der sich heraus eigenartig zu wachsen, Vergangenes und Fremdes umzubilden und einzuverleiben, Wunden auszuheilen, Verlorenes zu ersetzen, zerbrochene Formen aus sich nachzuformen."

Geist und transzendiert sich als „aus sich rollendes Rad"[62]. Das Vergessen ist also für Nietzsche eine plastische Kunst, eine Kunst der Gestaltung. Im Unterschied zum Verdrängen oder Verneinen läßt es nichts weg, sondern formt Altes um und ist damit eine kreative Tätigkeit. Als Entbindung schafft es für das Ich diese Fremde, die notwendig ist, um wieder auf sich selbst zurückkommen zu können. Die zeitliche Differenzierung des Erlebens und Wissens ist so die notwendige Selbstentfremdung, die für jede weitere Selbstgestaltung Voraussetzung ist. Hierin liegt die Physiologie des Zeitbewußtseins[63], seine reinigende Kraft im Spiel und, in den zeitlosen Bestimmungen und Definitionen, die kränkende, krankmachende und vernichtende Kraft des dekadenten und sterbenwollenden Individuums.

Die Selbsterneuerung fordert, in analoger Weise zu Kant, eine Entbindung von Zwecken[64]. Läßt man ein einheitliches Verständnis der Ekstase für Nietzsche gelten, dann ist der überbordende Rausch zugleich auch diese Unschuld des Werdens, die von Zwecken entbindet. Verstehen wird zum Rausch, wenn sich die Vernunft von ihrer pragmatischen Arbeit entbindet und neue Sprachen und Welten entwirft. In diesem Rausch erscheint das Leben als Leben, weil es sich gestaltend als ständige Erneuerung und Steigerung in der „ewigen Wiederkehr des Gleichen" erfährt. In der Einheit von Verstehen ist der Widerspruch, der in der Steigerung des Gleichen liegt, aufgehoben. In der Exuberanz und Verschwendung gestaltet das Leben neue Formen und Sprachen, neue Zeichen und Kulturen und bringt sich dabei nur selbst zum Ausdruck. Deshalb schafft der Mensch im Rausch nicht nur Kunstwerke, er gestaltet sich auch selbst[65].

Das ausschließliche Objekt der Kunst ist das Leben in seiner Steigerung. Dies wiederum drückt sich im Leib aus, der als einziger Gegenstand schön sein kann[66]. Hier entzündet sich die Lust des Menschen am Menschen. Das

---

[62]Nietzsche 4/31: „Unschuld ist das Kind und Vergessen, ein Neubeginnen, ein heiliges Ja-sagen. Ja, zum Spiele des Schaffens, meine Brüder, bedarf es eines heiligen Ja-sagens: *seinen* Willen will nun der Geist, *seine* Welt gewinnt sich der Weltverlorene."
[63]Grätzel, 1993.
[64]Nietzsche, 10/245: „Wichtigster Gesichtspunkt: *die UNSCHULD des Werdens zu gewinnen dadurch, daß man die ZWECKE ausschließt.*"
[65]Nietzsche 1/555: „Der Mensch ist nicht mehr Künstler, er ist Kunstwerk geworden [...]."
[66]Nietzsche 6/123: „Der Mensch glaubt die Welt selbst mit Schönheit überhäuft, - er *vergisst* sich als deren Ursache. Er allein hat sie mit Schönheit beschenkt, ach nur mit einer sehr menschlich-allzumenschlichen Schönheit. [...] Im Grund spiegelt sich der

Häßliche reflektiert die Entartung, die sich bereits in der Statik einer bloß abspiegelnden Vernunft zeigt, die dann nur noch objektiv und neutral zu sich und der Welt ist[67]. Die Abspiegelung einer Wirklichkeit, die Feststellung ihrer Identität wird zur Verarmung gerechnet, weil hier die Vernunft sich nicht mehr ekstatisch auf das Leben ausrichtet, weil es hier nicht mehr überbordet und sich verschwendet, sondern sie auf sich als Gegenstand ausgerichtet ist. Aus der Ökonomie der Verschwendung ist die Ökonomie der Erhaltung. In dieser Statik reduziert die Vernunft das Leben auf den Augenblick[68], den Anderen auf den „Nächsten" und Gott auf einen „himmlischen Zahlemeister". Es ist die Entartung und Verarmung des Lebens, genauer des Leibes, die ihm seine Transzendenz nimmt und sein Geschehen zu einer mathematischen Gleichung macht. Das Fest-stellen und vor allem das Sich-fest-stellen ist eine Krankheit der großen, ekstatischen Vernunft des Leibes.

Die Zeichen als Widerspiegelungen des Lebens spiegeln den aufsteigenden oder absteigenden Bezug zum Leben am Leib und als Leib. Der Leib ist damit seine eigene Transzendenz auf das Leben hin. Er zeigt sich entweder in seiner Exuberanz und geht dabei im Leben auf, oder er zeigt sich in der Reserve des Ich, in der es an sich selbst festhält. Der Leib ist eine Vernunft, die nicht sich vernimmt, sondern das Leben. Dies kann nur ekstatisch geschehen. Sie ist das Organ, das an jedem Geschehen die Steigerung des Lebens *mitweiß*.

Rausch als Verstehen vernimmt das Leben und gestaltet es mit. Deshalb werden die Dinge im Rausch genötigt, Reflex der Fülle zu sein. Nietzsche sieht in dieser Enthemmung ein Freiwerden der Sprache und ihrer kreativen Kraft. Die Selbstbezogenheit des Lebens ist nicht mehr egoistische Selbstsucht des Einzelnen, sondern Hingabe und Verschwendung. Wer sich nicht mehr hingibt, stellt fest und erfaßt damit den Lebensvorgang in der Dekadenz. Wer sich selbst feststellt, ist krank, wobei diese Krankheit,

---

Mensch in den Dingen, er hält Alles für schön, was ihm sein Bild zurückwirft: Das Urtheil 'schön' ist seine *Gattungs-Eitelkeit*."

[67] Nietzsche, 13/530: „Die unkünstlerischen Zustände: Objektivität, Spiegelwuth, Neutralität. [...] Auszehrung, Verarmung, Ausleerung, - Wille zum Nichts. Christ, Buddhist, Nihilist. Der verarmte Leib."

[68] Nietzsche, 5/403: „Auch physiologisch nachgerechnet, ruht die Wissenschaft auf dem gleichen Boden wie das asketische Ideal: eine gewisse *Verarmung des Lebens* ist hier wie dort die Voraussetzung. - ...die überströmende Kraft, die Lebens-Gewissheit, die *Zukunfts* - Gewißheit sind dahin."

wie Nietzsche im „Problem Sokrates" sagt[69], die einzige Möglichkeit der rationalen Selbsterkenntnis ist.

Dieser Prozeß des Verstehens findet sich auch in der Sprach- und Zeichentheorie. In der Verschwendung und Hingabe werden die Symbole geschaffen, in der Identität sterben sie ab. Die begrifflichen Festellungen richten sich gegen die Sprache selbst und töten sie ab. Das begriffliche „Gleichsetzen des Nichtgleichen"[70] ist ein untrügliches Dekadenzphänomen. Die Bilder sterben ab und mit ihnen die Orientierung am Ursprung der Sprache, der Ekstase und der Transzendenz. Mit dem Verlust dieser Orientierung wird für Nietzsche der Mensch um die Erfahrung seines Existierens gebracht.

Obwohl Nietzsche die ekstatische Vernunft auf die schmale Basis physiologischer Vorgänge stellt, gelingt ihm dennoch eine fundamentale Vision der Grundbedeutung von Symbolen und symbolischem Erleben. Die Begriffe waren einst Symbole und sind im Zuge ihres Absterbens zu lebensfeindlichen Instrumenten der Erkenntnis geworden. Die ganze Lebensphilosophie wird diesen Gedanken weiterführen und damit ein neues Verständnis von Geschichte entwickeln. Geschichte ist danach nicht mehr, wie von Hegel entworfen, ein Prozeß des Zu-sich-kommens, sondern ein Prozeß des Verlustes. Während die Phase der Steigerung sowieso geschichtslos ist, zeigt die Phase des Bewahrens und Zurückholens die Dekadenz an. Die rituellen Feste, die zu Anlässen der Erneuerung bei Geburt, Initiation, Tod und im Frühling gefeiert werden, sind deshalb auch keine Gedenkfeste, in denen alte Bräuche bewahrt werden, sondern Feste der Selbstvergessenheit[71]. Nicht das geschichtliche Gedenken, sondern eine tiefe Geschichtslosigkeit führt auf den Ursprung zurück. Feste im Sinne der Selbstvergessenheit führen die Vernunft zur Versöhnung mit der Natur. Die Entäußerungen im Symbol, nicht die Feststellungen im Begriff, führen zum wahren Eingedenken, sind wahre Ursprungserinnerungen und damit im eigentlichen und einzigen Sinn Geschichte.

---

[69]Nietzsche, 6/67ff.
[70]Nietzsche, 1/880: „Jeder Begriff entsteht durch Gleichsetzen des Nicht-Gleichen. So gewiss nie ein Blatt dem anderen ganz gleich ist, so gewiss ist der Begriff Blatt durch beliebiges Fallenlassen dieser individuellen Verschiedenheit, durch ein Vergessen des Unterscheidenden gebildet und erweckt nun die Vorstellung, als ob es in der Natur ausser Blättern etwas gäbe, das 'Blatt' wäre [...]."
[71]Nietzsche, 1/554.

Welch ungeheurer Schritt damit verbunden ist, zeigen Nietzsches Ausführungen in den frühen Schriften zum Dionysos-Kult. Der Kult als Erinnerung macht den Blick frei in den Abgrund der Existenz[72]. Die Ambivalenz, die damit verbunden ist, zeigt sich in der gleichzeitigen Faszination und Abstoßung durch den Kult. Diese Ambivalenz findet sich in den späteren Schriften nicht mehr. Hier ist alles Rausch geworden, selbst der Wille zum Untergang. Deshalb ist auch das Apollinische nicht mehr nüchterner Gegensatz zum Dionysischen.

In den späten Schriften kommt es somit zu einer Vereinseitigung des Ekstaseverständnisses. Als physiologische Ekstase sieht Nietzsche immer mehr ihren produktiven Charakter. Die Exuberanz des berauschten Subjekt erscheint nur noch in der Nähe der Leiber und ihres „psychomotorischen Rapports"[73]. Nietzsche, der ein großer Theoretiker der Ekstase ist, zeigt damit zugleich den Umschlag von ekstatischer Vernunft in besessene. Sein physiologischer Realismus sucht den Steigerungswillen, aber nicht die Transzendenz. Ekstase wird dabei zur Sucht, weil das Verstehen einseitig auf die Annäherung aus ist, die in ihrer Vergeblichkeit ständig wiederholt werden muß. Dieser Realismus ist aber das Gegenteil von Ekstase und erweist sich in der Direktheit von Wissen und Erleben als nicht zu befriedigende und heillose Suche. Dieses ekstatische Sich-auf-den-Leib-rücken ist als voyeuristische Annäherung dann nur noch obszön.

Nietzsches Begriff von Transzendenz erreicht den Anderen als Leib, dessen Schönheit auch zur Schönheit des Kosmos wird. Der Zwang zur Steigerung, den er durchaus in der ekstatischen Vernunft erkennt, wird aber im psychomotorischen Rapport zum Zwang, den ein bloßer Realismus ausübt. Dieser Realismus ist, im Gegensatz zur Ekstase, vom Zwang zur Wiederholung des Gleichen abhängig. In einer pornographischen Annäherung an den Augenblick als physiologisches Geschehen wird das Leben gerade um sein Geheimnis gebracht. Nietzsche, dem es gerade um dieses Geheimnis geht, sieht hier das Leben nur noch von seiner totalen Offenbarkeit her. In dieser Totalität liegt der Umschlag von Ekstase zu Besessenheit. Aus der Steigerung in Selbstvergessenheit wird die „ewige" Wiederholung des Gleichen.

---

[72]Nietzsche, 1/35f.
[73]Nietzsche 13/297; Grätzel, 1989.

2. Der ekstatische Bezug zum Tod

Die Ekstase ist für Heidegger der zeitliche Bezug des Daseins auf seine Horizonte und hier vor allem auf die Zukunft[74]. Im „Sich-vorweg" gründen die anderen Ekstasen des (vergangenen) „Schon-sein-in" und des (gegenwärtigenden) „Sein-bei". Dadurch bekommen die Sorge (uneigentlich) und der Tod (eigentlich) die Bedeutung der Seinsgründung. In diesen Bezügen lichtet sich das Sein in der menschlichen „Ek-sistenz"[75]. Heideggers Zurückweisung des „metaphysischen" Existenzbegriffes spielt in diesem Zusammenhang auch eine Rolle, weil es verdeutlicht, daß es ihm bei Existenz nicht um die ideologisierte Form ausschließlicher Gegenwärtigkeit geht, die für den Menschen völlig irreal und, wie Binswanger zeigen wird, unlebbar ist. Doch gerade seine in diesem Zusammenhang vorgebrachte Kritik an dem mittelalterlichen Existenzbegriff kann vor dem Hintergrund der Mystik Plotins und Dionysius', sowie aller der hieraus schöpfenden Denker bis zu Cusanus, zurückgewiesen werden. In all diesen Texten spielt das Verhältnis des Wissens zu seinem Ursprung die ausschlaggebende Rolle. Das Einfrieren der Existenz zur Aktualität ist ein geistesgeschichtliches Unternehmen der Neuzeit, die hierzu auch die dafür notwendigen technischen Vorstellungen bereithält.

Heideggers Leistung liegt darin, die Existenz von der zeitlichen, ekstatischen Ausrichung her zu denken. Deshalb kann auch ein statischer Existenzbegriff kein ursprünglicher mehr sein. In der Feststellung sind bereits ideelle und künstliche Gleichzeitigkeiten geschaffen, die die Zeit aus dem Verstehen getilgt haben.

Die zeitlosen Wirklichkeiten setzt Heidegger ab gegen die nie zu verwirklichende Möglichkeit des Todes. Diese Ekstatik zum Tode gibt den Raum frei für ein Sich-verstehen des Seins, also für den ekstatischen, eksistentiellen Bezug des Menschen[76]. Im Nicht-verstehen existiert der

---

[74] Heidegger, 1976, 329.
[75] Heidegger, 1954, 69: „Der Mensch west so, daß er das 'da', das heißt die Lichtung des Seins, ist. Dieses „Sein" des Da, und nur dieses, hat den Grundzug der Ek-sistenz, das heißt des ekstatischen Innestehens in der Wahrheit des Seins. Das ekstatische Wesen des Menschen beruht in der Ek-sistenz, die von der metaphysisch gedachten existentia verschieden bleibt."
[76] Heidegger, 1976, 262f: „Das Sein zum Tode ist Vorlaufen in ein Seinkönnen des Seienden, dessen Seinsart das Vorlaufen selbst ist. [...] Auf eigenstes Seinkönnen sich ent-

Mensch auch nicht. Er wird bedroht von der Sorge und ihrer zersetzenden Arbeit im Verfallen des Seins. Eine um die Ekstase betrogene und verkürzte Vernunft fällt auf sich selbst zurück und wendet sich nur noch selbstbezogenen Inhalten zu. Ihre instrumentelle Brutalität zeigt sich mit Heidegger in der Verdrängung des Todes. In der Ignoranz des Todes ist auch kein Verständnis für das Leben mehr da.
Heideggers Technikkritik sieht deshalb auch den engen Zusammenhang zwischen Konstruktionswahn und Todesverdrängung[77]. Der Übergriff auf die Welt und ihre Zerstörung durch die Technik ist kein einseitiger Vorgang einer vom Menschen ausgehenden Tätigkeit. Die äußerlich wahrnehmbare „Tollheit auf Nähe"[78] ist zugleich auch eine innere, ja die innere ist eigentlich der Grund für die in dem Verhältnis zur Welt sich zeigende Zudringlichkeit. Maßgeblich dafür ist das in allen Varianten sich zeigende Fest-stellen im Vorstellen, Zurückstellen, Herstellen, Hinstellen, Aufstellen, Darstellen, Unterstellen, Darüberstellen, Darunterstellen usw., das sich für Heidegger unter den Sammelbegriff des „Gestells"[79] bringen läßt und damit im vorliegenden Zusammenhang nichts anderes bedeutet als das statische Moment der ekstatisch sich ausrichtenden Vernunft.
Heidegger macht dies auch an dem Bild einer sich auf die Dinge zudrehenden Verständigkeit des Menschen deutlich[80]. Wichtig dabei ist die Doppeldeutigkeit des Begriffes „Zudrehen", die einmal die Hinwendung zu den Gegenständen veranschaulicht, die aber zugleich das Schließen der Offenheit des Seinsverständnisses impliziert. Die Hinwendung zu den Gegenständen wird unmittelbar eine Wegwendung vom Sichwissen als Offenheit; das Sichwissen geht ein in die Zuwendung und Bedeutung der Ge-

---

werfen aber besagt: sich selbst verstehen können im Sein des so enthüllten Seienden: existieren."
[77]Heidegger, 1950, 303: „Das Sichdurchsetzen der technischen Vergegenständlichung ist die ständige Negation des Todes. Durch diese Negation wird der Tod selbst etwas Negatives, zum schlechthin Unständigen und Nichtigen. Wenn wir jedoch das Schutzlossein ins Offene wenden, wenden wir es in den weitesten Umkreis des Seienden, innerhalb dessen wir das Schutzlose nur bejahen können."
[78]Heidegger, 1979, 312.
[79]Heidegger, 1962.
[80]Heidegger, 1950, 288: „Im vielfältigen Herstellen wird die Welt zum Stehen und in den Stand gebracht. Das Offene wird zum Gegenstand und so auf das Menschenwesen zugedreht."

genstände[81]. Hieraus erwächst für Heidegger die Gefahr einer Materialisierung des Denkens, die zu einer Totalisierung in Wissenschaft und Technik führt.

Die Entgrenzung der Wissenschaft geht Hand in Hand mit der Totalisierung der Politik[82]. Heidegger problematisiert dabei aber nicht eine Differenzierung der Abwendung ekstatischer Vernunft von ihrer Offenheit. Ist jede Hinwendung zu Gegenständen schon ein Zudrehen und damit eine Abwendung von der Offenheit, dann ist auch diese Offenheit unwirklich und gerät in den Verdacht bloßer Ideologisierung. Hier wird gegen das hin- und abwendende Zudrehen, in dem das Sein subjektiv und objektiv verinnerlicht und versteinert wird, die bewegte Ausrichtung (mit Rilke) als „Stoß ins Offene" verstanden. Die sich in jeder Hinwendung zudrehende Vernunft soll sich bei diesem Gewaltakt öffnen. Hierfür fehlt aber jede Plausibilität.

Offenbar hat Heidegger bereits ein immanentes Seinverständnis, dem jegliches Hinausstehen ein In-sich-zurückfallen ist, wie ja auch die Anbindung der Ekstase an den Horizont des Todes nahelegt. Wird Ekstase zeiträumlich verstanden, dann bleibt nur die Grenze der eigenen Immanenz als Ausrichtung. Von dieser Grenze des Todes gibt es aber auch kein ekstatisches Zurück, sondern nur das Verfallen in die Materialisierung und Vergegenständlichung des Man, sowie das zugedreht-gegenständliche Subjekt und Objekt in Wissenschaft und Technik. Heidegger kann keine Alternative zu diesem Verfall aufzeigen. Der Stoß ins Offene hat keine Transzendenz, sondern ist nur die gewaltsame Steigerung der Übergriffs und damit der verfallenden Vernunft. Ein solches Modell von Ekstase ist nicht ekstatisch im Sinne der Vernunft, sondern hat ähnliche Züge der Besessenheit und Gewaltsamkeit, wie Nietzsches „große Vernunft".

Heideggers Seinsauslegung leistet sich den gleichen Übergriff, den er dem totalitären Denken vorwirft. Grund dafür ist sein problematischer Begriff des Todes. Angesichts einer solchen Offenheit auf den Tod, wie sie im

---

[81]Heidegger, 1950, 293: „Auch von den Wesen (Pflanze und Tier) ist keines besonders geschützt, wenngleich sie ins Offene eingelassen und darin gesichert sind. Der Mensch dagegen ist, als der Sichwollende, durch das Ganze des Seienden nicht nur nicht besonders geschützt, sondern er ist schutzlos. Als der Vor- und Herstellende steht er vor dem verstellten Offenen. Dadurch ist er sich selbst und sind seine Dinge der wachsenden Gefahr ausgesetzt, zum bloßen Material und zur Funktion der Vergegenständlichung zu werden."
[82]Heidegger, 1950, 290.

„Sein-zum-Tode" gedacht ist, kann sich der ekstatisch verstehende Mensch nur von sich abwenden und sich gewaltsam oder trotzig, wie bei Camus, den Dingen „zudrehen".
Das Wesen der ekstatischen Vernunft liegt nicht darin, daß die Grenzen erschlossen und damit bereits gedeutet wären. Vielmehr liegt es in der völligen Offenheit und Undeutbarkeit der Grenzen. Aus dieser Unbekanntheit einer inhaltlichen Bedeutung der Grenzen bei gleichzeitig höchster Gewißheit der Grenze selbst resultiert die ekstatische Bewegtheit, auf diese Grenze zuzugehen und sie in einer Vorahnung zu erfahren. Hiermit ist, und dies hat Nietzsche herausgestellt, die übermäßige Emotionalität solcher Erfahrungen verbunden. Eine Ekstase im Sinne Heideggers ließe weder den Rausch noch das tiefe Erschrecken des Menschen aufkommen, sondern allenfalls jene eisige Kälte, die zur Berechnung lebensverlängernder Maßnahmen notwendig ist.
In einer frühen Arbeit zum Wesen des Religiösen führt Heidegger noch den Begriff des „Selbstverständigen der Bedeutung", der später in die Figur der allgemeinen Verfallenheit eingehen und untergehen wird. Die Selbstverständlichkeit läßt die Alternative des Nichtselbstverständigen zu und damit eine Gegenhaltung, die er „philosophische Tendenz" oder „philosophische Haltung" nennt[83]. In dieser philosophischen Haltung liegt aber der Schlüssel zur Erfassung der Ekstasis der Vernunft.
Das Selbstverständliche muß von seinem Anders-verständigen differenziert werden. Es ergibt sich zunächst aus dem Selbstgenügsamen und seiner Intention, der sogenannten Bedeutungsbekümmerung. Ist die Bedeutung gefunden, dann ist dieses Anliegen der „Sorge" erfüllt. Die Sorge oder Bekümmerung hat hier für Heidegger bereits eine fundamentale Bedeutung; sie ist Bedeutung der Bedeutung, indem sie allen Bedeutungen ihr Wozu gibt und sie daran ausrichtet. Die Bekümmerung hat also ekstatischen Charakter. Hier eröffnet sich das Wissen des Wissens in der zeitlichen Ausrichtung des Wissens, in erster Linie auf die Zukunft. Bedeutungen sind in der Bekümmernis auf die Zukunft ausgerichtet und hinterlassen

---

[83]Heidegger, 60/15: „Die faktische Lebenserfahrung verdeckt immer wieder selbst eine etwa auftauchende philosophische Tendenz durch ihre Indifferenz und Selbstgenügsamkeit. In dieser selbstgenügsamen Bekümmerung fällt die faktische Lebenserfahrung ständig *ab* in die Bedeutsamkeit. Sie strebt ständig der Artikulation zur Wissenschaft und schließlich einer 'wissenschaftlichen Kultur' zu. Daneben aber liegen in der faktischen Lebenserfahrung Motive rein philosophischer Haltung, die nur durch eine eigentümliche Umwendung des philosophischen Verhaltens herausgestellt werden können."

von hier aus auch einen Schweif in die Vergangenheit, indem an den Selbstverständlichkeiten dieses Moment ablesbar bleibt. Die Sorge ist der Grund für die Bedeutung und gibt ihr in ihrer geworfen-entwerfenden Ausrichtung auch eine „Gestimmtheit". Das Haften am Selbstverständlichen geht von der Sorge aus und ihrer Bekümmerung um das Feststellen und Verweisen, generell um das Welten. Doch gerade dabei wird ja die Bedeutung auf eine einseitige Pragmatik eingeschränkt und zugedreht, so daß dieses Moment des Bekümmertseins erst von der „Fundamentalontologie" vorgetragen werden muß.

Die Sorge läßt das Sein in seinen Bedeutungen untergehen, ohne daß sie mitgewußt wird. Darin liegt für Heidegger das *Selbstverständliche* der Bedeutung. Die Bedeutung ist sich ganz genug, obwohl sie doch der Bekümmerung untersteht und an dieser ausgerichtet ist. Im Selbstgenügsamen wird die Ekstase der Bedeutung getilgt. Diese Tilgung hat dann die folgenreichen Auswirkungen in Wissenschaft, Technik und Politik, die oben angesprochen wurden und die den Komplex der Seinsvergessenheit ausmachen.

Die Wurzel liegt also im Vergessen der Bedeutung der Bedeutung, dem Vergessen des Mitwissens. Die Sorge als Grundkategorie geht in der Sorglosigkeit unter. Die ekstatische Ausrichtung nimmt sich dabei zurück und fügt sich in die Selbstzufriedenheit des Begriffs, des Augenblicks, generell der Präsenz ein. Die Ekstase wird in der Sorge aufgehoben, sie drängt zum Stellen, zum „Gestell".

Auch hier ist Heidegger nicht glaubhaft. Die Ausrichtung der Bedeutung an der Bekümmerung ist noch ekstatisch, die Auswirkung nicht mehr. Grund ist Heideggers Glaube an die Sättigung der Sorge und ihre Selbstaufhebung im Sorglosen der Selbstgenügsamkeit und Selbstverständlichkeit. Eine solche Auflösung würde aber die Bedeutung selbst aufheben, die ja von der ekstatischen Ausrichtung der Sorge getragen ist. Das um sein Mitwissen gekürzte Wissen ist selbst nicht tragbar, es wäre unmittelbares, paradiesisches Wissen. Dagegen verwahrt sich der Riß im Sein, den Heidegger auch kennt, den er aber nur in schmerzlichen Inszenierungen auftreten läßt. Ein Selbstgenügsames und Selbstverständliches kann es in der Weise des paradiesischen Wissens und Lebens nicht geben. Jedes Selbstverständliche und Selbstgenügsame hat ein Mitwissen um die Bedeutung der Bedeutung, wobei die Sorge nur eine Form der Ekstase ist. Dieses

Mitwissen ist zwar nicht ausdrücklich da, es ist aber nicht einfach in der Selbstverständlichkeit der Bedeutung verschwunden.
Die Differenz zwischen dem Wissen und seinem Mitwissen der Bedeutung der Bedeutung, die erst in der Ekstase möglich ist, löst das sich in seine Identifizierungen verklammernde und festlegende Selbst immer wieder von der Selbstverständlichkeit und Selbstgenügsamkeit ab und macht gerade dadurch das Wissen und seine Bedeutungen möglich. Dieses Mitwissen als Wissen um das Wissen ist notwendiger Bestandteil des Wissens, nicht nur die Sorge, die die Bedeutung pragmatisch, aber damit zugleich auch profan orientiert. Die Sorge gibt nur eine Seite wieder, sie ist keinesfalls das Wissen des Wissens selbst. Zwar führt das Aufgehen im pragmatischen Alltag zum Verschwinden des Sich-wissens in Zerstreuung und Sorglosigkeit und wird auch durch den Tod von der Sorge wieder gesammelt. Doch ist es nicht dieses inhaltliche Wissen um den Tod, das das Dasein ekstatisch werden läßt. Die Verzweiflung, die hier einbricht, ist nicht inhaltlich motiviert, sie kommt auch nicht aus dem Vorlaufen in den Tod, sondern entsteht aus der Ekstatik der Existenz, dem offenen Existieren in der Utopie. Hier reinigt sich das Sich-wissen von allen inhaltlichen Bindungen, seien sie aus der Sorge oder der Sorglosigkeit entstanden, seien sie ein Sich-verstehen aus dem Tod oder ein Sich-verstehen aus dem Leben. In der Verzweiflung öffnet sich das Fenster zur Utopie, hier gewinnt sich das Sich-wissen wieder, wenn es in inhaltlichen Bestimmungen diffundiert und aufgegangen ist.
Heideggers Versuch, die Bedeutung selbst wieder von ihrer ekstatischen Ausrichtung abzuleiten, schließt sich an die Mystik an, mit dem Unterschied allerdings, daß die Suche nur im Bereich des „Jemeinigen" unternommen wird und deswegen die Sorge zur Grundkategorie wird. Die über die Sorge hinausgehende Transzendentalität der Begegnung fällt aus dem Blickfeld heraus. Damit wird auch das Heilige oder Numinose und nicht zuletzt das Heil aus der philosophischen Thematik ausgegrenzt. Die Vernunft bezieht sich dabei auf eine ungebrochene existentielle Selbstgegebenheit. Sie reicht zwar bis zu den Grenzen der Existenz und läßt diese auch bestimmend werden für das Selbstverstehen, sie verdeutlicht aber nicht, daß diese Grenzen und Horizonte als Bruch gewußt werden, als Diskontinuität oder durchbrochene Immanenz. Wird der Bruch thematisiert, gibt es immer ein Diesseits und jenseits der Erkenntnis. Diesseits und Jenseits sind nun keineswegs gleichartige Bereiche des Wissens. Während das

Diesseits von der Art des faktischen Wissens ist, zeigt sich das Jenseits gerade in der Auflösung der Selbstverständlichkeit des Faktischen. Beide Formen sind im ekstatischen Wissen gegenwärtig und machen das Wissen überhaupt zu einem ekstatischen. Geburt und Tod als Grenzen des Lebens lassen trotz höchster Gewißheit keine inhaltliche Bedeutung aufscheinen. In ihrer höchsten und weitreichendsten Betroffenheit ist die Vernunft sich selbst überlassen. Deshalb kann das äußerste Gefühl nur Verzweiflung sein. Doch auch hier ist zu sehen, daß Verzweiflung nur der Beginn, nicht das Ergebnis der Selbstgewißheit der Vernunft sein kann.

B. Die Bezüge auf das Unfaßbare der Utopie
1. Die Ekstase der Verzweiflung

Zu Beginn der „Phänomenologie des Geistes" bezeichnet Hegel das unmittelbare Wissen oder das Wissen des Unmittelbaren als die ärmste aller Gewißheiten, weil sie von dem Gewußten nur sagen kann, *daß* es ist, aber nicht *was* es ist[84]. Die reine Gewißheit des Seins spiegelt von der Selbsterfahrung nur die Oberfläche seiner Faktizität. Die Gewißheit, daß etwas ist, wird zur Grundlage zur Entwicklung der Geschichte des Geistes. Nicht die erste Faktizität, sondern erst diese Geschichte gibt dann Aufschluß über das Was und den Inhalt der Faktizität. Die Unmittelbarkeit ist hier gleichsam der Rohstoff, an dem sich der Geist zu seiner Wahrheit hin vermitteln kann.

Dieser Begriff der Unmittelbarkeit als Vorstufe der Entwicklung wird dann von Kierkegaard zurückgewiesen. Eine Umittelbarkeit in dieser Reinform, wie sie Hegel zugrundelegt, kann es nicht geben, sie ist denkunmöglich und auch lebensunmöglich, auch als gedachter Anfang der Geschichte. Alle Unmittelbarkeit ist für den Menschen immer schon gewußte Unmittelbarkeit und damit nicht mehr unmittelbar. Zwar ist der Mensch in der Unschuld in unmittelbarer Einheit mit seiner Natürlichkeit, doch alles Wissen um diesen Zustand wirft ihn aus der Geborgenheit dieser Situation hinaus, obwohl es eigentlich kein Außen gibt. Es gibt in der Unschuld nichts anderes als die Unschuld, und doch ist dieses Nichts-anderes bereits eine Offenbarung des Nichts, die eine unmittelbare Einheit mit der Natürlichkeit nicht zuläßt[85].

Das Aufreißen der natürlichen Einheit ist für Kierkegaard der Anlaß und Ursprung der Angst. Sie wird mit dem Bewußtsein geboren und verläßt es nicht mehr. Im Gegensatz zur Furcht, die sich am Konkreten entzündet, ist die Angst diffus; sie ist nicht vom *Was* hervorgebracht, sondern vom *Daß* der Bewußtheit. Hiermit ist ein zweiter Schritt über Hegel hinaus getan. Das Unmittelbare ist nicht nur unmöglich, weil es immer gewußt ist, es ist

---

[84]Hegel, 1952, 79f.
[85]Kierkegaard, 1984, 41f: „In der Unschuld ist der Mensch nicht als Geist bestimmt, sondern seelisch bestimmt, in unmittelbarer Einheit mit seiner Natürlichkeit. [...] In diesem Zustand ist Friede und Ruhe; aber es ist zu gleicher Zeit etwas anderes da, das nicht Unfriede und Streit ist; denn es ist ist ja nichts da, womit sich streiten ließe. Was ist es denn? Nichts. Welche Wirkung aber hat Nichts? Es gebiert Angst. Das ist das tiefe Geheimnis der Unschuld, daß sie zu gleicher Zeit Angst ist."

darüber hinaus als gewußtes Unmittelbares Angst. Kierkegaard beschreibt damit eine Phänomenologie der Angst aus der Tatsache heraus, daß Unmittelbarkeit nicht möglich ist. Das Was, das der Geist aus sich heraus entfaltet, ist angstgeboren und damit auch eine Erscheinung der Angst.

Mit dieser Konzeption einer verkehrten Phänomenologie, die alle Inhalte als Entzugsformen einer nie gewesenen und nicht mehr zustandekommenden Unmittelbarkeit des Geistes zu sich selbst entwickelt, legt Kierkegaard den Grundstein einer Phänomenologie des existentiellen Bewußtseins. Sie gibt dem Menschen seine Würde zurück, indem sie sich gegen jede Form des Positivismus auflehnt und sie dort verletzt sieht, wo er als Produkt und Ergebnis eines Was erscheint. Eine Theorie, die das Was über das Daß setzt, ist hiernach als Ideologie enttarnt, der es um die Mißachtung, Verletzung und Zerstörung des Menschen geht. Umgekehrt gibt die Erkenntnis eines existentiellen Mitwissens allen Wissens dem Menschen erst die Möglichkeit, die Freiheit seiner Selbstbegegnung auch als Würde zu leben. Nicht das Was umfaßt also die existentielle Situation, sondern das Daß, welches die bewußt gewordene Unmittelbarkeit ist. Damit ist alles Wissen, auch das unmittelbare, ein Wissen des Wissens. Es weiß, wenn es etwas weiß, stets um sich, und es weiß sich selbst *mit*. Dieses *Mitwissen des Daß* kann nicht ausgeschaltet werden. Alle Versuche, es im Selbstverständlichen einer reinen Unmittelbarkeit untergehen zu lassen, können von Kierkegaard her als Ideologie angesehen werden.

Nun hat Descartes mit seiner Formel vom cogito auch dieses Mitwissen entdeckt. Auch für ihn ist es die sicherste und unumgängliche Erkenntnis, die durch kein Mittel des Zweifels zu beseitigen ist. Was hier jedoch noch nicht zu finden ist, ist die von Kierkegaard formulierte Einsicht, daß dieses Mitwissen keineswegs eine positive Entdeckung und auch nicht der feste Grund allen Wissens ist mit aller Bedeutung, die ein solcher archimedischer Punkt hat. Das Mitwissen ist Angst, die sich nicht nur jeder Hypostase verweigert, sondern diese auch zerstört. Das Zentrum des Wissens ist also ein Abgrund.

Auch Hegel sieht diese Angst nicht, sondern nur die durch die Angst bewegte Gestaltung des Geistes. Diese ist aber eine Folge der Entlassung des Menschen aus der Geborgenheit der Unschuld und Unmittelbarkeit. Die Gestaltung ist bereits ein Versuch gegen die Angst, wenngleich sie auch immer mit Angst durchsetzt ist, indem jede Wirklichkeit einen Abgrund von Möglichkeiten hat.

In der „Krankheit zum Tode" sieht Kierkegaard das Verhältnis des Wissens zu sich selbst als Verzweiflung, wobei neben der uneigentlichen Verzweiflung, in der es kein Bewußtsein vom eigenen Selbst gibt, das Verhältnis in der eigentlichen Verzweiflung keine Lösung oder gar Erlösung bringt, weil sowohl das Sich-haben wie das Sich-nicht-haben keinen Zustand und damit auch keine solche Lösung darstellen. Die Verzweiflung drückt sich dann darin aus, daß der Mensch verzweifelt selbst und verzweifelt nicht selbst sein will[86]. Beide Formen dieser eigentlichen Verzweiflung sind Ausdruck des Mitwissens und zeigen den Versuch, das Wissen des Wissens loszuwerden und durch ein inhaltliches, konkretes Wissen zu ersetzen, wie es sich als Identität mit sich oder als Identität mit der eigenen Natürlichkeit anböte. Im Gegensatz zu Hegel erkennt Kierkegaard die Identität als klares Substitut, als Ersatz für das Wissen des Wissens.
Der künstliche Charakter von Identität offenbart sich vor dem Hintergrund der Angst. Sie läßt keine dieser Identitäten bewohnbar sein. Doch gerade dadurch öffnet sie den Zugang zur Utopie. Erst in der Fremde der Angst ist eine Selbstbegegnung möglich. Hier wird zugleich die Priorität der Möglichkeit vor der Wirklichkeit gesetzt. Die Möglichkeit ist nicht das modale Anhängsel der Wirklichkeit, sondern die Utopie, in die hinein Wirklichkeit gestaltet wird. Alle bloße Realität aber wird zum Kernstück der Angst, in der sie zerbricht oder zerbrochen wird. Auch hierin liegt ein Rückweg zur Utopie.
Der Abgrund, den das Wissen des Wissens öffnet, ist durch kein Angebot eines Was zu überbrücken. Die Illusion, durch konkrete Identifizierungen das Mitwissen auflösen zu können, ist Anlaß für die Verzweiflung. Sie zeigt, daß es keine Lösungen für die Angst gibt, daß die Angst auch und gerade in der Selbstentfaltung eingefaltet bleibt. Deshalb bleibt sie in allen Formen der Verzweiflung präsent. Die Verzweiflung, ganz Selbst sein zu wollen, ist hier genauso erfolglos, wie die Verzweiflung, nicht Selbst sein zu wollen. Es ist gleichgültig, welche Heimat sich das Selbst als Anbindung sucht. Alle diese Angebote oder Orte haben den Makel, Etwas zu sein und damit die Wirklichkeit über die Möglichkeit zu setzen. Nur dort kann eine Heimat für das Selbst sein, wo das Selbst in seiner Offenheit und Möglichkeit zugelassen ist. Für Kierkegaard heißt dies, daß das Selbst in seiner ganzen Verzweiflung zugelassen ist. Die Verzweiflung ist die

---

[86] Kierkegaard, 1985, 8ff.

Grundlage des Selbstwissens und damit auch des Wissens. Aus ihr heraus ist überhaupt nur Sehnsucht möglich.

In der Verbindung mit der Sehnsucht aber wird die Angst verwandelt. Dabei trägt sie sich in die Dimension hinaus, die sie selbst erzeugt hat, in die Möglichkeit[87] und offenbart ihr positives Moment. Sie ist ja nicht Furcht oder Hemmung, wie man leicht mißverstehen könnte, sondern reines Fallen in den Abgrund. Die positive Seite dieses Sturzes liegt in der Emanzipation des Wissens von bloßer Natürlichkeit und Heteronomie. Die Angst erlöst also auch, sie erlöst das Bewußtsein von der Gleichsetzung mit einem Etwas und öffnet die reine Faktizität der Existenz als weites Feld der Utopie.

Wenngleich dieses Feld durch Angst und Sehnsucht erschlossen ist, so ist es aber doch begehbar, und zwar nicht als ärmster Anfangspunkt des Wissens, wie bei Hegel, sondern als reiche Bewußtheit der autonomen Existenz. Die ärmste Gewißheit bei Hegel ist die reichste und wichtigste bei Kierkegaard: der Mensch ist nicht nur Existenz oder hat sie, er weiß auch, daß er sie hat und ist. Erst in diesem Wissen des Wissens erfährt er sich selbst, erst in der Angst und Sehnsucht bekommt er die Möglichkeit der *Erfahrung*. Erfahrung ist nämlich erst dann möglich, wenn die Angst einen vollständigen Bruch mit dem unmittelbaren Erleben vollzogen hat. Erfahrung ist also nur aus dem existentiellen Nichts heraus möglich.

Es gibt keinen Ausbruch aus dem Wissen des Wissens und einen Rückzug auf das bloße Wissen. Die Selbstverständlichkeit, in der sich das bloße Wissen durchsichtig, eindeutig, und wiederholbar gibt, führt zur Verzweiflung, erst recht dann, wenn dem Menschen dieser Zustand unbewußt ist[88]. Die utopische Verfassung des Selbstwissens macht es aus, daß das Selbstverständliche eine unlebbare Form menschlicher Bewußtheit ist.

---

[87]Kierkegaard, 1984, 60: „In den Zustand, in dem sich der Erwartende befindet, ist er nicht durch einen Zufall geraten, so daß er sich völlig fremd darin befände; sondern er erzeugt ihn gleichzeitig selbst: Ausdruck einer solchen Sehnsucht ist die Angst; denn in der Angst verkündet sich der Zustand, aus dem er sich heraussehnt, und zwar verkündet er sich, weil die Sehnsucht allein nicht genügt, um ihn zu befreien."

[88]Kierkegaard, 1985, 41: „Mithin, es tut nichts zur Sache, daß der Verzweifelte seinerseits davon nichts weiß, daß sein Zustand Verzweiflung ist: er ist trotzdem verzweifelt. [...] Der Verzweifelte, der unwissend ist, daß er verzweifelt ist, er ist, im Vergleich mit dem, der sich dessen bewußt ist, lediglich um ein Verneinendes weiter fort von Wahrheit und Erlösung. Die Verzweiflung selbst ist eine Negativität, und daß man über sie unwissend ist, eine neue Negativität."

Mit Kierkegaard läßt sich damit sagen, daß der Aufenthalt im Selbstverständlichen und im Eindeutigen die Steigerung von der bewußten zur unbewußten Verzweiflung darstellt. Steht die offene Verzweiflung in ihrer flüchtenden Art noch in der Gegenwärtigkeit des Mitwissens, das jegliche Bindung löst und alle künstlichen Scheinidentitäten in den Abgrund stürzt, so ist diese verborgene Verzweiflung nicht des Sturzes und damit auch nicht befreienden Wirkung des Mitwissens gewärtig. Die Selbstverständlichkeit führt zu der Verdeckung des Mitwissens und steigert damit die offene Verzweiflung zu einer verborgenen. Dies läßt sich auch so ausdrükken, daß das Selbstverständliche das Was ohne das Daß, den Inhalt ohne die existentielle Situation herausstellt und damit den Bereich des Unbewußten gründet. Hier ist das Mitwissen in Form der verdeckten Verzweiflung präsent.

Das aus der Unmittelbarkeit und Selbstverständlichkeit der Bedeutung entrückte Wissen ist ein ekstatisches Wissen, das die Selbstverständlichkeit einer Bedeutung um die Dimension der Verzweiflung erweitert hat, in der eine Bedeutung zwar noch verständlich, aber nicht mehr selbstverständlich ist. Es erfaßt neben dem Was auch dieses Daß, in dem die Verzweiflung im Zugehen-auf und im Fliehen-von dem Was zum Ausdruck kommt. Während also die Selbstverständlichkeit den statischen Charakter der Identität festhält, offenbart die Verzweiflung den ekstatischen, das Fliehen und Zurückkehren zur Selbstbegegnung und zum Selbstsein-können.

2. Die Symbole der Verzweiflung

Kierkegaard zeigt die Verzweiflung auf als eine Verzweiflung an der Selbstverständlichkeit des Seins und der Existenz. Kein Was ist, was es ist. Jedes Was steht in der Spannung seines Daß, das es nicht begründen und rechtfertigen kann. Deshalb verhüllt sich in der Verzweiflung das Selbst vor jeglicher Bestimmung. Die Verzweiflung ist die Katharsis des Bewußtseins, in der sich das Selbst loslöst von den Bindungen und sich öffnet und bereit macht, sich selbst begegnen zu können. Hier ist ein klarer Bruch in der Homogenität des Selbstbewußtseins, in der es sich einer inhaltlichen Bestimmung unterstellt hat.

In dieser Reinigung für die Selbstbegegnung ist Kierkegaard radikaler als Nietzsche und Heidegger, die die ekstatische Ausrichtung an Horizonten festmachen. Auch wenn diese Horizonte ungreifbar sind, so stellen sie doch einen inhaltlichen Bezug dar und lassen damit keine Utopie zu. Damit ist aber auch die Möglichkeit einer Seinserfahrung verstellt. Utopielos kann sie nur zum nackten Grauen werden.

Die reine, von keiner inhaltlichen Festlegung und Feststellung getrübte Bewußtheit des Seins bei Kierkegaard gibt aber nicht nur den Maßstab für ekstatische Vernunft, sie zeigt auch darüber hinaus die Bedeutung ekstatischer Symbole. Sie sind die aus der Verzweiflung geborenen Zeichen der Rückwendung zu dem Bewußtsein des Selbst von sich. In dieser Form sind sie gleichermaßen Zeichen der Abwendung wie der Zuwendung, der Abwendung vom unmittelbar Wirklichen und der Zuwendung zum ekstatisch Möglichen.

Diese Reinheit des Bewußtseins sucht der Ritus symbolisch zu erreichen und ist damit, um mit Kierkegaard zu sprechen, die Verzweiflung an der Selbstverständlichkeit des Seins und Existierens. Die Verzweiflung und ihr Bruch mit der Identität wird in der Katharsis zur Bewahrung des Unzugänglichen und zum Schutz der inneren Reinheit des Selbst vor dem Sichverlieren in der Selbstverständlichkeit.

In diesem Begriff der Verzweiflung offenbart sich der Bruch im Bezug des Selbst zu sich und wirft damit Licht auf die Grundbegriffe des Sichwissens und ihrer ekstatischen, nicht-identifikativen Ausrichtung im Zeit-, Raum- und Kausal*symbol*. Hier war es vor allem Eliade, der mit seiner Differenzierung des Profanen von dem Heiligen eine zum Zeit-, Raum- und Kausalbegriff unterschiedliche Kategorialität diagnostizierte[89] und damit ein vor allem bei Klages[90] aufgebrachtes Verständnis für die Grundbegriffe erneuerte. Zeit ist nicht nur Präsenz, sondern Präsenz des Abwesenden; Raum ist nicht nur Begrenzung des Gegebenen, sondern Entgrenzung auf das Nichtgegebene; Ursache ist nicht nur das vorläufig schon Geschehene, sondern das Noch zu Geschehende. Als ekstatische Brüche in der Erfahrung eines scheinbar homogenen Was verdeutlichen sie das Daß in seiner Existentialität.

Der Begriff der *Inhomogenität*, wie ihn Eliade formuliert, bringt diesen gewaltigen Tranzendenzvorgang zur Sprache. Hier wird die Präsenz, der

---

[89]Eliade, 1987.
[90]Klages, 2/691ff; 2/824ff.

Ort und der Grund des Was überschritten, und zwar nicht aus inhaltlichen Motiven, sondern aus ihrer, wie von Kierkegaard her gesagt werden kann, zur Verzweiflung treibenden Selbstverständlichkeit. In der Verzweiflung, mit der das Selbst nach sich greift, um vor sich zu fliehen und vor sich flieht, um nach sich zu greifen, bringt es die Nicht-Selbstverständlichkeit zum Ausdruck, in der das Selbst ekstatisch sich erfährt.
Die Nicht-Selbstverständlichkeit wird im Kult geschützt vor der zerstörerischen und verzweifelnden Selbstverständlichkeit. Dieser Schutz geht für Eliade von heiligen Zeichen aus, denen das Symbol der *Öffnung* gemeinsam ist. Es verbindet sich mit dem Symbol der Achse und des Nabels zum allgemeinen Bild der Begegnung von Himmel und Erde, von Profan und Heilig[91]. Die Öffnung hat damit die doppelte Funktion des Entgrenzens der Selbstverständlichkeit und des Einfließenlassens des Nicht-Selbstverständlichen als eigentliche Begründung des Lebens. Die Existenz, die sich in der Verzweiflung als sich nicht begründende erkennt, erfährt darin den Ein-fluß einer reinen, nicht durch die Profanität zustandegekommenen Auslegung.
Daß diese Aufgaben des Bruches nicht beliebige Inhalte übernehmen können, ist leicht verständlich. Die Symbole lösen ja einen Prozeß aus, den Prozeß des Sturzes und des Überstiegs über die Schwelle und Grenze, die das Was als Selbstverständliches zieht. Es muß also ein Was sein, das sich gegen sich selbst und seine Selbstverständlichkeit richtet. In diesem Bruch mit sich soll die Faktizität des Daß als Betroffenheit offenbar werden.
Nun ist es die Eigentümlichkeit der Selbstverständlichkeit, das Wissen des Wissens in das bloße Wissen zu integrieren. Diese Absicht führt zur Verzweiflung. Das Selbst will diese oder jene Bedeutung und Bestimmung haben. Es sucht sich also in der Bedeutung zu isolieren und so eine Identität einzugehen. In der Verzweiflung offenbart sich, daß dieser Bund mit sich durch keinen Inhalt und auch kein Nichts gehalten wird. Damit wird die völlige Offenheit des Existierens offenbar. In der Verzweiflung wird die Schwelle des Bedeutens und der Bedeutung überschritten und der Exi-

---

[91]Eliade, 1987, 36: „a) ein heiliger Ort stellt einen Bruch in der Homogenität des Raumes dar; b) dieser Bruch ist durch eine 'Öffnung' symbolisiert, die den Übergang von einer kosmischen Region zur anderen ermöglicht [...]; c) die Verbindung mit dem Himmel kann durch verschiedene Bilder ausgedrückt werden, die sich alle auf die *axis mundi* beziehen: Säule (die *universalis columna*), Leiter (die Jakobsleiter) Berg, Baum, Liane usw.; d) rund um diese Weltachse erstreckt sich die 'Achse in der Mitte', im 'Nabel der Erde', sie ist das Zentrum der Welt."

stenz die Offenheit, Grenzenlosigkeit, Zeitlosigkeit und Grundlosigkeit zurückgegeben, die sie von sich her zu haben scheint. Die Verzweiflung ist also der Grundschritt der Ekstase, da sie zeigt, daß alle Isolierung in eine Bedeutung mißlingt, daß alles Wissen nur im Wissen des Wissens aufgehoben ist. Existenz ist als mitgewußte in der Selbstverständlichkeit ausgegrenzt und verdrängt und kommt in der Verzweiflung zurück. Mit Eliade und seiner religionswissenschaftlichen Auslegung wird deutlich, daß dieser Grundschritt eine Schwellenüberschreitung ist. Die Schwelle ist damit das Symbol der Erneuerung in der Verzweiflung.

Mit der Überschreitung der Schwelle wird die Homogenität des Raumes gebrochen. Der Raum wird als ein endlicher gewußt, an den sich andere Räume anschließen. Dieser Bruch bedeutet auch den Bruch in der Homogenität der Zeit und der Homogenität zwischen Ursache und Wirkung. Eliade zeigt, daß die Grundbegriffe des Raumes, der Zeit und des Grundes aus dem religiösen Verständnis stammen[92]. Danach vereinen sich Tempel, Tempus und rituelle Reinigung zur Ganzheit eines kreisförmigen Komplexes, in dem sich die Analogie von kosmogonischer und existentieller Erneuerung findet[93]. Die rituelle Reinigung ist eine Beseitung der Schuld jener vom Menschen hervorgebrachten Wirkungen in einem Rückgang auf die erste Ursache. Die Erneuerung hat eine zeitliche, eine räumliche und eine moralische Komponente. In dieser Ganzheitlichkeit von Zeit, Raum und Grund liegt der therapeutische Wert dieses Komplexes, die Einheit von Heil und Heilung[94].

Die kosmische Erneuerung ist der *Ort* der existentiellen Erneuerung. Die kosmische Zeit mit ihrer zyklischen Gestalt wird zum Symbol der Reinigung. Die Wiederholung wird zur Möglichkeit des Neuanfangs. Hier liegt eine existentielle Erkenntnis vor, keine sachliche: In der sachlichen Bestimmung sind alle Bezüge ursächlich bestimmt und festgelegt, in der existentiellen muß die Ursache immer wieder erneuert werden. Hierin unterscheidet sich das Daß als Ursache vom Was. Die existentielle Ursache ist nicht nur Ausgang und Bestimmung einer Wirkung, sondern auch Eingang

---

[92]Eliade, 1987, 68f: „Für den religiösen Menschen erneuert sich die Welt jedes Jahr; mit anderen Worten, sie gewinnt mit jedem neuen Jahr ihre ursprüngliche 'Heiligkeit' zurück, die sie besaß, als sie aus den Händen des Schöpfers hervorging. Dieser Symbolismus kommt in der architektonischen Struktur der Heiligtümer deutlich zum Ausdruck."
[93]Eliade, 1987, 70.
[94]Eliade, 1987, 74.

und Auslöschung. In der rituellen Reinigung wird dieser Vorgang symbolisch vollzogen. In der Einheit von heiliger Zeit, heiligem Raum und heiligem Grund erneuert sich das Sich-verstehen und gewinnt damit den grundlosen Grund der eigenen Existenz. Die Symbole der Reinigung geben die Möglichkeit der Utopie und sind Ausdruck des „Heimweh ohne Heim" als Grundzug des Existierens und der Ekstase.

Die Reinheit des Selbst wird in den ekstatischen Symbolen in einer ehrfürchtigen Bezugnahme erreicht. Über die bloße Verzweiflung hinausgehend, wird das Selbstverständliche der Bedeutung durch das Distanzhalten aufgelöst. Dabei wird die Unfaßbarkeit als Gnade der Erneuerung erfahren. In der Auslöschung aller Schuld wird ein Zustand des Neugeborenseins geschaffen. In der Schwellenüberschreitung zu utopischen Räumen des Nicht-festgestellten wird der Mensch so immer wieder seinem Anspruch nach Reinheit, nach autonomer Selbsterfahrung gerecht. Hier ist es ihm möglich, aus der Reinheit der ersten Ursache zu handeln. Die Ehrfurcht ist damit eine Ekstase des Wissens, in der sich das menschliche Selbstbewußtsein aus seiner Selbstverständlichkeit löst, um in der Fremde der Utopie sein reines Sich-wissen zurückzugewinnen.

3. Die Ekstase der Ehrfurcht

Rudolf Otto hat mit seinem Begriff des *Numinosen* die Ehrfurcht als das „Kreaturgefühl" herausgestellt[95]. Dieses Gefühl ist selbst schon ein Wissen, nämlich das Mitwissen des Selbstbewußtseins, in seiner Selbstgewißheit, *nicht* selbständig zu sein. Das sich demütigende Wissen wird als Grundzug der Vernunft herausgestellt, wobei ein Bezug auf das Unfaßbare stattfindet[96]. Otto geht dabei von Schleiermachers Konzeption der *vollständigen Abhängigkeit* aus, um diese aber in einem entscheidenden Punkt zu verändern.

Schleiermacher hebt hervor, daß das Bewußtsein der schlechthinnigen Abhängigkeit, wenn es in dieser Absolutheit gemeint ist, nicht von einem Ge-

---

[95] Otto, 1991, 5ff.
[96] Otto, 1991, 11: „Das ‚Kreatur-gefühl' ist vielmehr selber erst subjektives Begleitmoment und Wirkung, ist gleichsam der Schatten eines anderen Gefühlsmomentes (nämlich der ‚Scheu'), welches selber *zuerst* und *unmittelbar* auf ein *Objekt außer mir* geht. Das aber ist das *numinose* Objekt."

genstand herrühren kann. Die Abhängigkeit von einem Gegenstand ist eingeschränkt und beschränkt durch die Art dieses Gegenstandes. Sie ist also immer nur eine relative, nie eine absolute.

Im Sich-Wissen des Menschen tritt jedoch eine Verneinung auf, die als schlechthinnig bezeichnet werden muß. Hier wird erkannt, daß „unser ganzes Dasein uns nicht als aus unserer Selbsttätigkeit hervorgegangen zum Bewußtsein kommt"[97]. Im Bewußtsein von uns selbst herrscht das *begleitende* Bewußtsein, also ein Mitwissen, nicht aus eigener Tätigkeit hervorgegangen zu sein[98]. Für Schleiermacher ist diese Beziehung der schlechthinnigen Abhängigkeit die Grundlage für das Gottesbewußtsein. Gott erscheint hier aber nicht als Gegenstand, weil dies wiederum nur eine relative, keine absolute Abhängigkeit vorstellen würde. Die absolute oder schlechthinnige Abhängigkeit kann nur als Bezug des Sich-wissens vorkommen, weil hier gerade keine Gegenständlichkeit, sondern das Fehlen von Subsistenz den Ausschlag gibt. Schleiermacher schließt sich der Kantischen Konzeption praktischer Vernunft an, derzufolge Autonomie der notwendige, aber nicht der zureichende Grund der Vernunfterkenntnis und Handlung ist. Autonomie, also Selbstgesetzgebung, ist nicht allein maßgebend, es gibt auch ein Bewußtsein davon. Im Wissen um Autonomie wird erkannt, daß Selbstgesetzgebung nicht auch Selbstgebung ist.

Otto führt Schleiermachers schlechthinnige Abhängigkeit wieder zurück auf einen Gegenstand, den er das Numinose nennt. Das Numinose ist aber kein beliebiger Gegenstand, sondern repräsentiert als Gegenstand die Ungegenständlichkeit. Es muß also für Otto ein Gegenstand sein, auf den Vernunft Bezug nimmt, sie kann nicht direkt auf ihr Nicht-sich-selbstgegebensein Bezug nehmen. Von der Bedeutung her ist aber das Gefühl der schlechthinnigen Abhängigkeit und das Kreaturgefühl gleich. Es handelt sich in beiden Fällen um das Wissen, sich nicht selbst hervorgebracht zu haben, nicht sein eigener Ursprung zu sein. Die Gewißheit, nicht autark zu sein, kann sich für Otto nur an einem solchen symbolischen Gegenstand darstellen, wie er das Numinose ist. Um den Selbstbezug zu übersteigen,

---

[97]Schleiermacher, 1960, 28.
[98]Schleiermacher, 1960, 28: „Allein eben das unsere gesamte Selbsttätigkeit, also auch, weil diese niemals Null ist, unser ganzes Dasein begleitende, schlechthinnige Freiheit verneinende Selbstbewußtsein ist schon an und für sich ein Bewußtsein schlechthinniger Abhängigkeit; denn es ist das Bewußtsein, daß unsere ganze Selbsttätigkeit ebenso von anderwärts her ist, wie dasjenige ganz von uns her sein müßte, in Bezug worauf wir ein schlechthinniges Freiheitsgefühl haben sollten."

der in der Autonomie vorliegt, bedarf es wieder eines Gegenstandes. Das Selbst sieht ja auch in der schlechthinnigen Abhängigkeit sich selbst von einer höherstehenden Position und macht sich darin auch zum Gegenstand. Von der anderen Seite gesehen, sind numinose Objekte Symbole des sich-wissenden Selbstbewußtseins. Hier wird nicht nur die Autonomie vollzogen, hier wird sie auch auf ihren Ursprung befragt. Da dies eine vorzügliche und grundlegende Frage ist, die zur selbst Autonomie gehört, wird sie in dieser Ursprungsfrage auch am tiefsten erschreckt und erschüttert. Hier kommt es zum Kreaturgefühl.

Im Kreaturgefühl hat das Wissen den Selbstbezug überstiegen und nach seinem Ursprung gefragt. Zwischen dem Selbst und seinem Ursprung ist ein Bruch der Selbstgegenheit und Selbstverständlichkeit entstanden. Es ist sich selbst fremd geworden, da es gleichsam seine Autonomie verlassen hat, um diese Autonomie von außen zu betrachten. Die Selbstverständlichkeit des Sich-wissens ist in diesem Erschrecken vor sich selbst aufgebrochen. Da das numinose Objekt aber zugleich das Symbol der Autonomie ist, ist das Selbstbewußtsein mit diesem Gegenstand innig verbunden. Es ist nicht nur erschreckt, es ist auch ehrfürchtig vor dem Fremden seiner selbst. Die Ehrfurcht ist damit die andere Seite des ambivalenten Kreaturgefühls und kann nur auftreten, weil die Vernunft in ihrer Ursprungsfrage ekstatisch auf sich selbst Bezug nimmt. Dabei erfaßt sie nicht nur sich selbst, sie erfaßt rational ihre Teilnahme am Leben.

Das Kreaturgefühl als Bewußtsein der Teilnahme am Leben widerspricht jeglicher Form von Unterwürfigkeit. Es ist aus dem Mitwissen heraus möglich, daß jeder Grund existentiell erneuert werden kann und muß, also aus der Gewißheit des Neubeginnenkönnens und der Neugeburt. Unterwürfigkeit dagegen zeigt den Bezug auf das Selbstverständliche. Die Vernunft hat ihren Grund als bloß von ihr selbst gegebenen Grund anerkannt. Die Einstellung einer bloßen Gegebenheit des Lebens, von Nietzsche als schmarotzerisches Verhalten zum Leben durchschaut, offenbart sich dabei als Modus feststellender und festgestellter Vernunft. Sie macht sich von ihrem Produkt abhängig und unterwirft sich ihm dogmatisch.

Für die Ehrfurcht aber ist kein Inhalt, auch nicht die logische Formel des A=A, aus sich selbst verstehbar und damit selbstverständlich. Jede Selbstverständlichkeit zeigt sich als ein Abfallen aus dem Kreaturgefühl und deren Ersetzung durch bloße Kausalität. In der Kausalität wird aber die Erneuerung des Grundes als Wiederholung eines alten verstanden, wobei etwas Neues auf etwas schon Bekanntes zurückgeführt wird. Daraus folgt, daß mit der Kausalität die kreatürliche Bedingtheit nicht erfaßt werden kann, also weder die schlechthinnige Abhängigkeit, noch das Kreaturgefühl. Kausalität erfaßt nur die Produktion aus einem bestimmten Grund, sie ist Reproduktion, das Kreaturgefühl erfaßt in seiner Teilnahme am Leben die ständige Erneuerung des Grundes. Hieran macht sich auch der Unterschied zwischen Geschöpf und Geschaffenem deutlich.

Wesentlich für Otto ist also diese Differenz eines bedingten „Geschaffenseins" von dem unbedingten „Geschöpflichsein", woran sich ein klarer Unterschied im Verständnis der Ursache zeigt[99]. Das Kreaturgefühl offenbart das Mitwissen des Geschöpflichseins als Inbegriff sich immer wieder erneuernder Ursächlichkeit, nicht des Geschaffenseins als Inbegriff bedingender Ursache. In der bloßen Bedingtheit und deren unendlichem Regreß geht dieses Wissen verloren. Es bleibt nur der relationale Kausalbezug. Das Geschaffensein erfaßt den statischen Bezug auf die Bestimmung, das Geschöpflichsein den ekstatischen Bezug auf den Ursprung. Dieser Bezug zum Ursprung kann kein Bezug der Abhängigkeit sein wie der von der Schuld herstammende Kausalbegriff. Hier wird ein freiheitlicher Bezug von Kausalität gedacht.

4. Die Ekstase des Grundes

Das Verhältnis des Selbstbewußtseins zum Grund hat Schelling in seinem Begriff der Freiheit entwickelt. Die Folge ist im Werden abhängig vom Grund, hat dabei aber im Sein einen freien Bezug zu ihm[100]. Die menschliche Freiheit ist so die Wiederholung der schöpferischen Freiheit Gottes. Indem der Mensch aber diese Freiheit nicht nur ist, sondern sie auch als Selbstheit ergreift, löst er sich von ihr ab und isoliert sich in einer eigenständigen Freiheit, die nur das Böse sein kann. So wird der Mensch gerade in der Freiheit unfrei. Er muß sich in der Wiederholung des Ursprungs von

---

[99] Otto, 1991, 23.
[100] Schelling, 4/238-239: „Jedes organische Individuum ist als Gewordenes nur durch ein anderes, und insofern abhängig dem Werden, aber keineswegs dem Sein nach. [...] Die Folge der Dinge aus Gott ist eine Selbstoffenbarung Gottes. Gott aber kann nur offenbar werden in dem, was ihm ähnlich ist, in freien aus sich selbst handelnden Wesen."

der Eigenständigkeit, in der er die Freiheit erfahren hat und die zur Bedingung der Freiheit geworden ist, lossagen. Diese eigentümliche Entselbstung sieht Schelling in der „heilsamen Ekstase", die „unheilsame" dagegen führt zum Wahn, weil sie an dem festhält, von dem sie sich entfernen muß[101]. Der Bezug zum Ursprung ist das Problem der Freiheit und ihrer Doppelgesichtigkeit. Freiheit zum Bösen entsteht dort, wo der Mensch die Freiheit, die er als Selbst ist, als absolute will. Er kann die Freiheit des ersten Anfangs, die er in seiner Selbstheit erfährt, nur in der Selbstaufgegebenheit realisieren[102]. Schelling differenziert die ekstatische Freiheit von der realistischen, in der die Freiheit vom Ich ergriffen wird. Freiheit ist aber die Erfahrung des Ursprungs, die nur in der Entrückung vom Ursprung möglich ist.

Schellings Begriff der Ekstase, der den Bezug des Selbst zu seinem Ursprung beschreibt, läßt den Unterschied zwischen Freiheit und Freiheit zum Bösen erkennbar werden. Der Bezug zum Ursprung muß selbst ein freier sein. Indem der Mensch aber die Freiheit an sich reißt, hat er sie seinem Selbst unterstellt und von sich abhängig gemacht. Damit ist Freiheit unfrei geworden.

Der freiheitliche Bezug zum Ursprung ist eine Ekstase zum Ursprung. Sie kann nur gelingen, wenn sich das Selbst entäußert. Diese sich entäußernde Verbindung begreift nur die Liebe. In ihr verbindet sich die Existenz mit ihrem Grund, ohne mit ihm zusammenzufallen[103].

---

[101]Schelling, 4/392: „*Ekstasis* ist eine vox anceps, die im besseren und schlimmeren Sinn genommen werden kann. Nämlich jede Entfernung oder Entsetzung von einer Stelle ist Ekstase. Es kommt nur darauf an, ob etwas entfernt wird von einer ihm zukommenden Stelle, oder von der ihm nicht gebührenden Stelle. Im letzteren Fall ist es eine heilsame Ekstase, die zur Besinnung führt, während die andere zur Sinnlosigkeit führt."
[102]Schelling, 4/391: „Eher könnte man für jenes Verhältniß die Bezeichnung *Ekstase* gebrauchen. Nämlich unser Ich wird *außer* sich, d.h. außer seiner Stelle, gesetzt. Seine Stelle ist die, Subjekt zu sein. Nun kann aber gegen das absolute Subjekt nicht Subjekt sein, denn dieses kann sich nicht als Objekt verhalten. Also muß es den Ort verlassen, es muß außer sich gesetzt werden, als ein nicht mehr Daseyendes. Nur in dieser Selbstaufgegebenheit kann ihm das absolute Subjekt aufgehen in der Selbstaufgegebenheit, wie wir sie auch in dem *Erstaunen* erblicken."
[103]Schelling, 4/300: „Dies ist das Geheimnis der Liebe, daß sie solche verbindet, deren jedes für sich sein könnte und doch nicht ist, und auch nicht sein kann ohne das andere. Darum so wie im Ungrund die Dualität wird, wird auch die Liebe, welche das Existierende mit dem Grund zur Existenz verbindet."

Die Ekstase der Existenz zu ihrem Grund wird durch Schellings Freiheitsbegriff umschrieben und macht in eigentümlicher Weise das Mitwissen der Kreatur am Sein deutlich. Der ekstatische Bezug läßt die Folge in der Entrückung aus der Ursache entstehen. Die Freiheit versetzt sich aus der Selbstheit heraus, ohne die Selbstheit aufzugeben. Hier greift das freiheitliche Selbst auf seinen Grund zurück, es lebt die Freiheit nicht nur selbstisch, sondern sieht auch den Grund für dieses Erleben. In der Ekstase der Freiheit bleiben die Teile der Verbindung diskret, ohne sich zu verlieren.
Schelling vermag in seinem Begriff der Freiheit die Spannung aufrechtzuerhalten zwischen der determinativen Kausalität des Werdens, die den Grund des Was erfaßt, und der freiheitlichen Kausalität des Seins, die den Grund der Existenz, die Faktizität des Daß erfaßt. Doch auch der Bezug zum Grund ist noch einmal zu differenzieren als ein Erfassen des Daß als Was im selbstischen Vergreifen und als ein erotisch-ekstatischer Bezug zum Grund. Nur dieser ekstatische Bezug kann Freiheit ergreifen, ohne sie zu zerstören.
Schelling hat mit diesem Begriff der Ekstase die Ehrfurcht umschrieben, in der die Kreatur ihr Kreatursein mitweiß. Sie bringt zum Ausdruck, daß Wissen nicht in sich selbst begründet ist, nicht einmal das Wissen um die eigene Freiheit. Auch Freiheit läßt sich nicht aus sich selbst verstehen, auch Freiheit ist nicht selbstverständlich, sondern ekstatisch. Ekstase als der diskrete Bezug der Existenz zum Grund unterliegt zwar der Gefahr der Totalisierung im Übergriff und im Vergreifen, doch auch diese Indiskretionen bezeugen auf ihre Art die zugrundeliegende Ekstase, indem sie verletzt wird. Auch dieser Zwiespalt ist von Schelling in seinem Begriff des Bösen erfaßt. Das Böse ist ja nicht dem Guten gegenübergestellt, sondern ist jenes Vergreifen des Selbst an seinem Grund, die „heillose Ekstase", in der sich das Selbst nicht von dem „ihm Gebührenden", seiner Freiheit, entfernt. Allein in der ehrfürchtigen Entfernung zu seinem Grund erfaßt sich das Selbst „heilsam" ekstatisch, es nimmt den liebenden Bezug zu sich und seinem Schöpfer auf und wird nur darin geschöpflich und Geschöpf. Nur in der heilsamen Ekstase der Entselbstung wiederholt sich der schöpfende Eros, wird die Schöpfung wiedergeholt.
Schelling hat das Heil des Menschen von seiner Fähigkeit zur Ekstase, nicht von seiner Fähigkeit zur Freiheit, abhängig gemacht. Die ekstatische Vernunft erfaßt den Grund der Existenz, indem sie sich von der selbstischen Verfaßtheit der Freiheit losmacht und sie zu ihrem Grund entfernt.

Der Zug der Ehrfurcht, der hier in die Erkenntnis hineinkommt, liegt in dieser diskreten Erfahrung und Erfassung der Grundes. Diese Diskretion ist nicht aus dem rationalen Vermögen ableitbar, da dieses Vermögen auf klare Offenlegung des Grundes besteht. Die Vernunft muß hier eine Einsicht haben, die über diese Anlage zur Enthüllung hinausgeht. Sie würde Freiheit sonst nur als heillose Selbstzerstörung kennen.

Die Einsicht, die von Schelling nicht weiter geklärt wird, sondern nur stattfindet, eröffnet der Vernunft ihre ekstatische Fähigkeit als höheres Vermögen gegenüber der Enthüllung. Erkenntnis ist in dieser höheren Form kein Ergreifen eines Faktums, sondern das Sein-lassen des Grundes in der Ehrfurcht. Auch hier hat das Erkennen die Form einer Begegnung. Im Unterschied zur bloßen Verzweiflung ist aber hier schon der Verzicht auf das Ergreifen ausgeführt. In diesem Verzicht wird erst Begegnung möglich, ohne ihn ist Erkenntnis ein Vergreifen am sich offenbarenden Leben, das, um noch einmal Nietzsche zu zitieren, das „widrigste Thier von Mensch" kennzeichnet: „das wollte nicht lieben und doch von Liebe leben"[104]. Bleibt Erkennen als bloßes Ergreifen und Vergreifen in seiner schmarotzerischen Haltung befangen, dann bleibt es auch von der Wahrheit ausgeschlossen.

5. Die Ekstase der Bewunderung
a) Eros

Der Zusammenhang zwischen Erkenntnis und Liebe, wie er in der Ästhetik seit Platons „Symposion" gesucht wird, bekommt unter dem Aspekt der Ehrfurcht, in der dem wissenden Subjekt sein Kreatursein bewußt wird, eine besondere Aufgabe und Rolle, die bei Platon noch klar erkennbar ist, die sich aber, gerade im Zuge der Neubildung einer ästhetischen Wissenschaft im Gefolge von Kant, immer mehr verliert. Es ist die Analogie zwischen der Selbsterkenntnis als Geschöpf und der Weitergabe dieser Erkenntnis an das eigene Tun und Handeln. Im Unterschied zum bloßen Geschaffensein, bei dem die Selbsterkenntnis sich auf das Vorfinden als Produkt reduziert, ist im Geschöpfsein das Bewußtsein der eigenen Freiheit

---

[104] Nietzsche, 4/244 s.o.

integriert und noch nicht zum Naturmechanismus verkommen. Das Bewußtsein von Geschöpfsein eröffnet, wie Schelling dies noch klar sieht, den ekstatischen Rückgang in den Ursprung. Dieser Rückgang ist so differenziert, daß er nicht einfach beschritten werden kann. Wird er als Reflexion im bloßen Ergreifen des Begriffs vollzogen, dann führt er zur heillosen Sinnauflösung und Selbstzerstörung. Ist die Reflexion um den Aspekt der Begründung von Freiheit erweitert, wie bei Schleiermacher und Schelling, dann gleicht er einer Begegnung mit allen ihren Eigenarten: der Unerwartetheit, dem Erstaunen und dem Geheimnis der gegenseitigen Anziehung unter Wahrung der Eigenständigkeit. In dieser Form ist Reflexion dann bereits dialogisch angelegt. Im freiheitlich sich ergreifenden Selbst findet es nicht nur sich selbst vor in einer bloßen Reflexion, sondern das das Selbst Begründende.

Für Platon zeigt sich dies in der Erotik, die sich durch die gesamte Natur zeigt und im Menschen noch die besondere Form des Wissens hat. Die Schönheit ruft die erotische Ekstase hervor, die Schönheit ist ihre Bedingung. Deshalb erkennt sich die Seele in der Erinnerung an das Schöne nicht nur, sondern pflanzt sich darin auch fort[105]. Die Existenz ist hier kein Zustand, sondern ein Prozeß. Erkenntnis ist mit Zeugungslust verbunden, analog zum Geschlechtlichen. Die Zeugungslust wird durch den Blick in die Unsterblichkeit und Ewigkeit angeregt. Sie verbindet das Vergangene mit dem Zukünftigen: Die Erinnerung wird durch die Schönheit ausgelöst und regt zur Zeugung an. Sinn und Leben sind hier ineinander verwoben. Durch die Schönheit wird der Sinn des Lebens erinnert und verwirklicht.

Die Erkenntnis geht also nicht auf das Schöngemachte, sondern auf das Schönmachende. Die Schönheit als Geburtshelferin und Prinzip des Lebens ist deshalb auch das Prinzip des Todes. Das Schönmachende vernichtet das Schöngemachte und zeigt das Entstehen des Neuen aus dem Vergehen des Alten[106]. In der Schönheit wird der unsterbliche Grund der Existenz erkannt. Sie zeigt die ewige Jugend des Seins. Die ewige Jugend tritt immer wieder hervor, sie wird als Ewigkeit erkannt.

Existieren ist hier ein ekstatischer Prozeß. Aus dem Alten des Schöngemachten tritt die Jugend als das Schönmachende hervor. Das Schönmachende geht also nie im Schöngemachten unter, das Prinzip wird nie vom Produkt überdeckt und das Junge wird nicht vom Alten abgelöst, sondern,

---

[105]Platon, 3/206b ff.
[106]Platon, 3/207 d.

umgekehrt zum Zeitverlauf, greift das Sein immer wieder auf seinen Grund zurück, das Schöngemachte immer wieder auf das Schönmachende, das Hervorgebrachte immer wieder auf das Hervorbringen. Da dieser Rückgang mit Vernichtung und Tod verbunden ist, treffen in der Ekstase Tod und Leben aufeinander und verschmelzen miteinander, sie werden zu einer Einheit. Ekstatisch ist das uralte Sein immer jung.
Die Ekstase des Lebens in den Tod und des Todes in das Leben bedeutet, daß das Abstoßen des Alten im Rückgang auf den Grund kein gelegentliches Ereignis, sondern steter Prozeß ist, der allein Existenz ermöglicht. Nur im Abstoßen des Alten kann das Existieren sich gleichbleiben. Der Mensch bleibt sein Leben lang der Selbe, gerade weil er sich immer wieder erneuert und das Alte und Feste abstößt. Hat er diese Ekstase seiner Existenz geschaut, dann erkennt er auch den Zusammenhang zwischen seiner Einzelexistenz und dem Leben überhaupt[107]. Das Absterben des Einzelnen ist Voraussetzung für die Erneuerung des Lebens. Dabei wird die Seele nicht vernichtet, sie vergißt ihre spezielle und persönliche Verfassung, um den Ursprung des Lebens zu erinnern und sich so von vorn, vom Ursprung her zu erneuern.
Platons Vision der steten Erneuerung des Seins aus dem Ursprung durch das Schöne umfaßt einen Ekstasebegriff, in dem die Transzendentalien des Wahren, Guten und Schönen noch von ihrer Einheit her gedacht werden, weil sie aus der Einheit von Leben und Tod herstammen. Eine solche Einheit ist heute schwer nachvollziehbar. Wahr, Gut und Schön sind keine Ekstasen mehr, sondern sind zu Eigenschaften geworden, die einem Träger, einem Subjekt oder einer Substanz zugestanden oder abgesprochen werden. Diese Zuordnungen werden im Urteil vollzogen und sind deshalb in ihrer Allgemeingültigkeit problematisch.
Die Zuordnung eines Prädikats zu einem Subjekt hat nichts gemein mit der ekstatischen Öffnung des Seins zu seinem Grund hin und kann diesen Erkenntnisvorgang auch nicht darstellen oder reproduzieren. In der Unterscheidung Schellings gesehen, ist sie vielmehr die heillose Ekstase der Zuordnung des „Gebührenden", die der der heilsamen Ekstase weg von dem „Gebührenden" entgegensteht. Die Zuordnung der zu Eigenschaften gewordenen Transzendentalien zu ihnen gebührenden Trägern ist heillos, weil sie den ekstatischen Vorgang nicht mehr offenbart und einen Urteils-

---

[107]Platon, 3/208 b.

vorgang aus ihm macht. Aus der Einheit der Transzendentalien in ihrer Ekstase zum Ursprung ist die Verschiedenheit moralischer, wahrer und schöner Urteile geworden.
Für Kant ergibt sich diese Verschiedenheit aus der Kritik der Vernunft und ihren hier erkannten unterschiedlichen Aufgaben und Kompetenzen in der Zueignung des Prädikats zum Subjekt durch das Urteil. Das Kriterium der Enteignung, das für die Ekstase grundlegend ist, tritt bei ihm nicht in Erscheinung. Nur in der Unterscheidung von bestimmender und reflektierender Urteilskraft wird die einseitige Ausrichtung und Bedeutung der Erkenntnis als Zugewinn und Akkumulation variiert. Denn mit der reflektierenden Urteilskraft tritt ein Moment der Selbsterkenntnis hervor, dessen Herkunft aus der Ehrfurcht noch spürbar ist.

b) Spiel

Wie schon die Unterscheidung von bestimmender und reflektierender Urteilskraft bei Kant zeigt, gibt es in der deduktiven und induktiven Form des Wissens unterschiedliche Aufgaben des Erkennens. In der Deduktion wird eine Art Mechanismus des Begreifens vorgestellt, während die Induktion das Wissen selbst erfaßt. Hier kann die Erkenntnis selbst zum Gegenstand und Inhalt des Erkennens werden. Voraussetzung für diesen reflexiven Blick ist die vielfach mißverstandene Interesselosigkeit des Erkennens[108]. Kant will mit dieser Konzeption des Sich-wissens das Erkennen in einer modifizierten Weise vorstellen, bei dem es nicht mit dem Gegenstand selbst durch das Interesse vielfältiger Art verbunden ist, sondern sich auf die eigene Tätigkeit besinnt. Die Interesselosigkeit versinnbildlicht damit die Entbindung der Vernunft von ihrer profanen, begreifenden Tätigkeit. Diese Entbindung löst keineswegs das Wissen auf, sondern läßt es reflexiv werden. Dadurch soll sich die Vernunft, die sich im bestimmenden Begreifen verloren gegangen war, wieder ergreifen.
Für Kant erfüllt sie dies mit der Entbindung von der bestimmenden, identifikativen Leistung des Urteilens. Durch die Interesselosigkeit löst sich die Urteilskraft aus dem Begreifen heraus, sie enthält sich ihrer pragmatischen

---

[108]Kant, KU, § 2.

Tätigkeit, die den Blick auf sich selbst abzieht. Der induktive Charakter der reflektierenden Urteilskraft wendet sich von dem Bedeuten weg auf die Bedeutung des Bedeutens. Damit ist das zweite Moment der Entbindung erreicht, die Begriffslosigkeit, wo im freien Spiel der Einbildungskräfte ein lustvolles Erfahren des Urteilens erreicht ist. Gegenüber der bloßen Arbeit des Begriffs ist diese Entbindung ein weiterer Schritt zu der in Freiheit sich erkennenden Vernunft. Wie im Falle der Interesselosigkeit, ist die Begriffslosigkeit keine Absage oder Negation des Begreifens, sondern seine Freistellung für die eigene Selbstwahrnehmung[109].

Die dritte Entbindung liegt in der Zweckmäßigkeit ohne Zweck. Auch hier wird die Urteilskraft in ihrem Vermögen der Loslösung von der diesmal zielgerichtet bestimmenden Tätigkeit gesehen. Durch die Entbindungen vermag sich die Vernunft auch bei ihrer Arbeit zu betrachten; sie tritt aus sich heraus, um sich zu erkennen[110]. Die bestimmende Urteilskraft wird dabei von der reflektierenden erkannt.

Diese Selbsterkenntnis könnte von einem pragmatischen Standpunkt durchaus als überflüssig angesehen werden, würde sich nicht damit das Grundbedürfnis des Erkennens überhaupt herausstellen, *Sinnerkenntnis* zu sein. In der Erfassung der bestimmenden durch die reflektierende Urteilskraft wird der Sinn der Bestimmungen und Bedeutungen herausgestellt. Die Erkenntnis an der Erkenntnis ist lustvoll. Diese Lust kann nicht durch die inhaltlich gebundene Erkenntnis hervorgerufen werden; da die Erkenntnis durch das Erkenntnisinteresse an Zweck und Inhalt gebunden ist. Auch dort, wo es für Kant nicht um das Spiel, sondern um den Ernst in der Einbildung geht, bei dem Erhabenen, werden Erkenntnisse von der Lust an der Freiheit der Erkenntnis geleitet. Interesselosigkeit, Begriffslosigkeit und Zwecklosigkeit sind damit Formen des existentiellen Gestaltens. Sie führen zur Erkenntnis der natura naturans, dem Mitwissen, daß Sein Erzeugen und Erneuerung ist.

Kants Begriffe der Ablösung und Entbindung sind damit ekstatische Begriffe, durch die die menschliche Existenz als Werden erfaßt wird. Das Schöne entbindet die Erkenntnis aus ihrer Vergegenständlichung. Es entbindet die Vernunft aus seiner profanen Verzweckung, Verbegrifflichung und Begierde und läßt das Leben als Leben erscheinen. Damit hat sich das

---
[109]Kant, KU, § 9.
[110]Kant, KU, § 12.

Leben aus der Immanenz und Unmittelbarkeit eines bloßen Lebens abgelöst und steht vor der Vernunft als eigener Größe. Dieses Sich-erscheinen des Lebens jenseits der Bestimmung und des Bestimmtwerdens ist der ekstatische Zustand schlechthin. Das Verhältnis, das hier die Reflexion zur Bestimmung einnimmt, ist das des Spiels.

Doch auch hier ist die Gefahr einer Versachlichung der Reflexion deutlich sichtbar. In dem Urteil: „Die Rose ist schön" drängt sich die Eigenschaft „schön" als Bestimmung der Rose auf und verdrängt das Spiel der Erkenntniskräfte, das zu diesem Urteil führt. Dieses Vordrängen der Bestimmung vor die Reflexion läßt die ästhetischen Urteile unverbindlich erscheinen. Schön ist dann eine Meinung des Betrachters und keine Eigenschaft des Objekts. Genau diese Schwäche ist aber für Kant das Indiz der Reflexivität im Spiel. Es geht dabei nicht um das Objekt, sondern um die Fähigkeit des Subjekts, sich vom Mechanismus des Begreifens und Bestimmens zu lösen. Hierin liegt auch das Humanum der Vernunft, das für den Erziehungs- und Entwicklungsgedanken bei Schiller, Fichte und Humboldt so große Bedeutung bekommt.

Die Erkenntnis kann sich also nicht reflexiv in der gleichen Weise zum Gegenstand werden, wie sie bestimmend Gegenstände erfaßt und begreift. Sie erfaßt sich selbst nicht identifikatv im Gegenstand, sondern existentiell im Spiel. In analoger Weise zu Platon wird die Schönheit zum Erfahrungsgrund. Das Wissen nimmt im ästhetischen Urteil Abstand von der Bestimmung und leistet sich die bloße (Selbst-)Betrachtung und den Nachvollzug der Zeugung. Doch wie die ekstatische Erkenntnis des Ursprungs von seiner Enthüllung unterschieden bleiben muß, so auch der künstlerische Nachvollzug von einer Imitation und Reproduktion, welche nichts anderes ist als das tätige Bestimmen.

Hier wiederholt sich der schon in der Verzweiflung und als Verzweiflung erkannte Zwiespalt im Ergreifen des Selbst. Das verzweifelte Sich-gehören und Sich-nicht-gehören erscheint in der reflektierenden Urteilskraft als interesselose, begriffslose und zwecklose Erkenntnis. In allen diesen Fällen deutet die Negation die Ablösung vom Mechanismus und der „Arbeit" der Bestimmung an, um sich im „Spiel" der Reflexion zu erfahren. Die Verzweiflung dieser nicht bestimmbaren Erfahrung kann in der Kraft der Bewunderung untergehen, wenn von der Bestimmung abgesehen werden kann, wenn die Vernunft die Ablösung von der Arbeit schafft. Erst in der Verdinglichung und Festmachung der spielenden Vernunft an ihrer Leistung im Dienst des Interesses, des Begriffs und der Zweckmäßigkeit unterzieht sich die Bewunderung dem Kriterium des Begriffs, der aber nur in die Verzweiflung führt. Die Verzweiflung am Schönen und seiner Unbestimmbarkeit reduziert die Bewunderung auf das Für-wahr-halten und verdrängt das Spiel aus der Erkenntnis. Hier ist die Bewunderung der bestimmenden Beurteilung gewichen.

Ekstatisch ist sich das Selbst nicht faßbar, es ist sich nur in der eigenen Überschreitung gegenwärtig. In dieser Gegenwart ist es gebrochen, es ist spurhafte Präsenz einer nicht faßbaren Anwesenheit. Dieses Verhältnis räumlicher, zeitlicher und ursächlicher Verschiebung kommt auch in Kants reflektierender Urteilskraft zutage. Die Reflexion wird durch die Bestimmung weder ausgedrückt noch ersetzt. Sie kann also auch nicht Gegenstand der eigenen Erkenntnis werden, sie kann sich nur anhand von Zeichen aufspüren, die, wie Spuren, nicht auf sich verweisen, sondern auf eine zu erreichende Gewißheit. Dieser Verweis macht das Wesen der Kunstwerke aus. Sie verweisen nicht auf sich und sind deshalb auch nicht bestimmbar, sie verweisen ekstatisch-existentiell auf die sich erkennende Vernunft. Dieser Verweis gelingt nur, wenn die Zeichen kreativ sind und damit das Sein als Zeugung erweisen. In diesem Verweis hat sich Vernunft als ekstatisch erkannt.

Die ekstatische Erkenntnis ist zwar eine Selbsterkenntnis der Vernunft, sie ist aber keine bestimmte und bestimmbare Identität. Kant kann den ekstatischen Bezug nur in den Negationen angeben, weil er den Bezug aus der Perspektive des Selbst angibt. Wird diese Perspektive aufgegeben, dann kann der Bezugspunkt und Bezugsgrund auch positiv genannt werden. Das Nicht-selbige und Nicht-selbstische des Interesselosen, Begriffslosen und Zwecklosen verliert die bloße Negation und wird zu einer positiven Erscheinung gewandelt, der die Vernunft auch begegnen kann. Das Nichtselbige und Nicht-selbstische wird zum Du, zur Transzendenz des Ich. Solange aber das Ich seine Eigenschaften zu bestimmen sucht, ist ihm dieser Bereich entweder als objektiviertes Anderes (im Mitmensch, in der Mitwelt) immanent, oder aber in einem göttlichen Du schlechthin transzendent. In beiden Fällen ist dieser ekstatische Bezug veräußerlicht und für eine sich begreifende Vernunft unannehmbar.

Hier wird der Zwiespalt in der Bewunderung erklärlich. Er ist, wie im Falle der Demut, durch die selbstische Perspektive eines eigentlich ekstatischen Bezugs hervorgerufen. Der ekstatische Bezug kann dabei nur in den Negationen der Entselbstung deutlich werden, also in der ausdrücklichen Verneinung identifikativer Bezüge. Die Bewunderung des Schönen, sein Inerstaunen-setzen, aber auch sein mit der Verzweiflung und der Ehrfurcht verwandtes Verschmachtenlassen sind Indizien der Ekstase auf das Nicht-Selbst. Das Selbst will sich aber in diesem Bezug nicht aufgeben, *es will in der Entselbstung Selbst bleiben*. So bleibt nur eine Zwiespältigkeit aus Behauptung und Unterwerfung.

Der Vernunft aber bleibt das eigentliche Ziel ihrer Ekstase verborgen. Wie auch schon in der Verzweiflung und der Ehrfurcht bleibt ihr der freie Bezug zu diesem Ziel versagt, er ist nur der Bezug zu einer Negation. Die Ekstase der Vernunft versteht sich hier als Transzendentalität, wobei der pathisch-emotionale Bezug nicht mehr zum Vorschein kommt[111]. So ist verständlich, daß Nietzsche Kants Ästhetik als widersinnig empfand. Auch sein Mißverständnis der Interesselosigkeit bei Kant klärt sich hier auf. Für Kant ist die Negation Entbindung von der Erkenntnisarbeit, um das Selbst als reines zu erhalten. Für Nietzsche geht es gerade nicht um die Selbstbewahrung, sondern um Verausgabung; das Nicht-selbstische führt nicht zu einem höheren Selbst, sondern zu der Überschreitung des Selbst auf das Leben hin.

Auch für Schiller ist die bloße Negation des ekstatischen Bezugs problematisch. Seine bekannte Kritik an Kants Pflichtbegriff ist letztlich auch ein Mißverständnis, weil sie die Entbindung von der selbstischen Neigung für den gesamten ekstatischen Prozeß nimmt.

Wie Schiller sagt, ist der Mensch nur dort Mensch, wo er spielt[112]. In der Entbindung wird nicht nur das Leben erkannt, es kann auch gestaltet werden. Hier macht sich der Unterschied zwischen zwei Formen der Wieder-

---

[111]Balthasar, 1965, 842: „Bei Kant sind die 'Transzendentalien' auf die transzendentale Verfassung der Vernunft in ihrem kritischen Selbstverständnis bezogen, und der eine Aspekt tritt rein nur unter Absehung von allen andern hervor. Dies ist so, weil die Vernunft, als reine genommen, in ihrer Endlichkeit (als Zueinander von endlicher Anschauung und unendlichem Begriff) *schwebt* und ihr jede Verankerung im unendlichen Sein abgeht. Deshalb besitzt das Schöne, dessen Wesen das - von Wahr und Gut absehende - reine Zueinander der Subjektvermögen ist, genau denselben Schwebecharakter des Endlichen in sich selbst, der einmal, wo die Stringenz des ethischen Imperativs nachläßt und nicht mehr gesehen wird, zum reinen, nicht nur interesselosen und zweckfreien (l'art pour l'art), sondern schließlich sinn-losen Spiel der endlichen Existenz im Nichts mit sich selbst führen kann."

[112]Schiller, 1975, 63.

holung deutlich. Einmal ist sie Dressur, Nachahmung und Reproduktion, das andere Mal ist sie Erziehung, Gestaltung und Erzeugung. Spiel wird also von Schiller verstanden als ekstatisches Vermögen der Vernunft, auf sich zurückzukommen und sich zu gestalten. Dabei ist die unmittelbare Wiederholung der Dressur ebenso ausgeschlossen wie das Laissez-faire einer Beliebigkeit. Hier wie dort wird nicht von dem ekstatischen Vermögen ausgegangen, das Leben als Schöpfung zu sehen und es weiter schöpferisch zu gestalten.

Das bloße Wissen ist für Schiller noch nicht Erkenntnis der Existenz und damit wirklich, es ist geprägt von der Sorge um das physische Leben[113]. Das Bewußtsein der physischen Existenz deutet er als quälenden Zustand. Der Mensch steckt dabei in der Unmittelbarkeit fest. Dieses bloße Wissen ist noch nicht Existenz, Ekstase, es ist noch nicht auf dem Standpunkt, sich selbst betrachten zu können. Das bloß gewußte Leben ist Sorge, Grundlosigkeit und Sinnlosigkeit[114]. Wesentlich ist nun, wie Schiller dieses bloße Wissen zu einem ekstatischen macht. Hier ist es die Kunst und der „ästhetische Stand", die die eigentlich reflexive oder die Selbstbetrachtung ermöglichen[115]. Erst im ästhetischen Stand ist das Bewußtsein existentiell, das unmittelbare physische Bewußtsein gleicht nur einer Wiederholung des physischen Zustandes. Die Reflexion ist damit keine bloße Spiegelung, sondern bereits eine *Handlung* gegenüber sich selbst[116].

---

[113]Schiller, 1975, 102: „Die ersten Früchte, die er in dem Geisterreich erntet, sind also *Sorge* und *Furcht*; beides Wirkungen der Vernunft, nicht der Sinnlichkeit, aber einer Vernunft, die sich in ihrem Gegenstand vergreift und ihren Imperativ unmittelbar auf den Stoff anwendet."
[114]Schiller, 1975, 103: „Da er also den fragenden Verstand durch keinen letzten und inneren Grund zur Ruhe bringen kann, so bringt er ihn durch den Begriff des Grundlosen wenigstens zum Schweigen und bleibt innerhalb der blinden Nötigung der Materie stehen." Diese Konzeption hat dann Schopenhauer zu seinem System der Welt als Wille und Vorstellung ausgearbeitet.
[115]Schiller, 1975, 105f: „Solange der Mensch, in seinem ersten physischen Zustande, die Sinnenwelt bloß leidend in sich aufnimmt, bloß empfindet, ist er noch völlig eins mit derselben, und eben weil er selbst bloß Welt ist, so ist für ihn noch keine Welt. Erst wenn er in seinem ästhetischen Stande sie außerhalb sich stellt oder betrachtet, sondert sich seine Persönlichkeit von ihr ab, und es erscheint ihm eine Welt, weil er aufgehört hat, mit derselben Eins auszumachen. Die Betrachtung ist das erste liberale Verhältnis des Menschen zu dem Weltall, das ihn umgibt."
[116]Schiller, 1975, 106: „Die Notwendigkeit der Natur, die ihn im Zustand der bloßen Empfindung mit ungeteilter Gewalt beherrscht, läßt bei der Reflexion von ihm ab, in den Sinnen erfolgt ein augenblicklicher Friede, die Zeit selbst, das ewig Wandelnde,

Gegenüber Kant wird hier die Existenz nicht von ihrer (transzendentalen) Offenheit, sondern von ihrem Sich-öffnen im Spiel her gesehen. Schiller differenziert zwischen einem bloßen Erkennen, bei dem die Vernunft noch im physischen Zustand selbst steckt, und einem handelnden Erkennen, das in einen Abstand zu sich tritt und aus diesem heraus sich betrachtet.

Der Spielbegriff, auch in der bei Schiller erweiterten Form eines liberalen Verhältnisses zur Welt, bleibt immer nur Selbstbeschäftigung der Vernunft. Die Freiheit wird hier nur in der Verkürzung und Reduktion auf ihre Spiegelung im Selbst erfaßt, nicht eigentlich als transzendenter Bezug. Der in der Spiegelung vorgenommene Transzendenzvorgang ist uneingestanden und wird als Selbsterzeugung gedeutet, geht aber, wie schon gezeigt, unmittelbar in Selbstzerissenheit und Verzweiflung über. Die Selbstbezogenheit der Vernunft läßt die Reflexion nur als Spiegelung des Selbst zu und macht damit aus ihrer ekstatischen Ausrichtung ein ausschließlich inneres Ereignis, den inneren Riß der Verzweiflung oder die Selbstbetrachtung der Kontemplation. Beides sind zwar innere Tatsachen, sie indizieren aber nicht den angeblichen Selbstbezug, sondern den Bezug über sich hinaus. Sie sind Indizien der Besitzlosigkeit des Selbst und ihres Ausstehens auf anderes und den Anderen, auf Welt und auf Transzendenz. Die reflexive Vernunft spiegelt kein Etwas wider, weil das Selbst kein Etwas ist. Es wird aber auch kein Nichts reflektiert, da auch das Nichts als Verneinung des Etwas bestimmend bleibt. Die Reflexion spiegelt die eigene ekstatische Prozessualität wider. Die Vernunft betrachtet in der Reflexion das Selbst als Über-sich-hinaus, als Transzendenz. Dabei weiß sich das Selbst in diesem Prozeß geborgen und eingefaltet, wenn es sich nicht zum Urheber dieses Prozesses ermächtigt. Es sieht also nicht den Spiegel, sondern dasjenige, was der Spiegel reflektiert.

Diese ekstatische Struktur wird zum System der Vernunft, wenn Reflexion als Selbstbespiegelung verstanden wird. Unter dieser Voraussetzung verliert die Schönheit ihren ekstatischen Charakter und wird zu einer Eigenschaft, wenn nicht gerade des Dinges, so doch des betrachtenden Subjekts. Die Bedeutung der Schönheit für das ekstatische Sein, die noch bei Platon vordergründig erotisch ist, verliert sich, gerade durch die Verinnerlichung im Spiel der Selbstbespiegelung bei Kant, zur völligen Vergeistigung.

---

steht still, indem des Bewußtseins zerstreute Strahlen sich sammeln, und ein Nachbild des Unendlichen, die *Form*, reflektiert sich auf dem vergänglichen Grunde."

Damit wird aber ein wesentlicher Vollzug der Ekstase unverständlich, das Sein als ständiges Abstoßen und Erzeugen zu verstehen und damit Leben und Tod als Momente des Augenblickes zu zeigen. Erst in der Lebensphilosophie wird die Ekstatik nicht mehr von der Immanenz der Selbstbespiegelung erfaßt, sondern umgekehrt von dem Einbruch der Transzendenzen in den Augenblick. Hier ist Simmels Studie über „Rembrandt" ein Grundwerk.

c) Ernst

In seiner Studie zu Rembrandt gibt Simmel ein beeindruckendes Zeugnis einer lebensphilosophischen Ästhetik. Danach drückt sich im künstlerischen Schaffen das Leben in seiner Ganzheit aus, also auch mit seinen Brüchen und Übergängen. Der Tod und seine Gewißheit stellt dabei den tiefsten Bruch dar. Während also das alltägliche Leben immer nur einen Ausschnitt aus diesem Leben bringt und es sich selbst auch nur ausschnitthaft gegenwärtig ist, kommt in der künstlerischen Gestaltung seine Gesamtheit hervor und macht auch diese Gesamtheit zum eigentlichen Thema[117]. Entstehen und Vergehen, Liebe, Begegnung und Zeugung, aber auch Schmerz, Verlust, Trennung sind solche Themen eines sich erkennenden Lebens, zu dem die Kunst den Blick öffnet. Dabei werden vor allem die Zeitschranken überschritten, die das alltägliche und ausschnitthafte Leben setzt.

Die Möglichkeit, über den Ausschnitt hinaus in die Ganzheit des Lebens zu schauen, leistet schon die Sinnlichkeit, wenn sie in ihrer ekstatischen, und nicht immer nur in ihrer identifizierenden Anlage gesehen und eingesetzt wird. So ist das Sehen ein ekstatischer Vorgang, weil es selbst Leben ist[118]. Die Öffnung des Momentes geschieht nicht intellektuell, sondern

---

[117]Simmel, 1916, 42: „Wir sehen eben den ganzen Menschen und nicht einen Augenblick seiner, von dem wir dann erst auf frühere Augenblicke *schlössen*; denn das Leben *ist* unmittelbar gar nichts anderes, als Gegenwart werdende Vergangenheit, und wo wir das Leben wirklich sehen, läßt uns ein bloßes Vorurteil behaupten, daß man nur den starren Punkt der Gegenwart sehe."
[118]Simmel, 1916, 43: „Die 'Gegenwart' eines Lebens ist überhaupt mit der Isoliertheit und Präzision ihres mathematischen Begriffes gar nicht festzustellen. Daß wir das Leben

wird in der Wahrnehmung der Ganzheit des Lebens vollzogen. Der Augenblick ist nie für sich stehendes, selbstgenügsames Leben, er ist Ausdruck dieser Gesamtheit und deshalb in dieser Gesamtheit erfaßbar. Voraussetzung ist auch hier, daß die Zeit nicht von der Präsenz her genommen und als Modifikation des Jetzt verstanden wird[119]. Das Verstehen geht dem Wahrnehmen voraus, in erster Linie das Zeitverstehen. Ekstatisches Zeitverstehen wird bei Simmel grundlegend für die Wahrnehmung des Lebens. Die ekstatische Vernunft, die sich hier in ihrer zeitlichen Grundlegung zeigt, bringt das Leben zu einem Verstehen seiner selbst aus seinen zeitlichen Ekstasen, also gerade von seiner Gewißheit des Vergehens. Damit sind alle sinnlichen Erkenntnisse auf die Gesamtheit hochrechenbar, weil sie selbst Ereignisse dieser Gesamtheit sind[120]. Jeder Sehakt ist ekstatisch auf diese Gesamtheit gerichtet, er ist als Augenblick die Ganzheit des Lebens. Das Sehen ist ekstatisch, weil es das Leben in seinen Brüchen wahrnimmt, nicht als mechanischen Verlauf und dessen Abspiegelung. Nur die in der Abstraktheit einer zeitlosen Präsenz gebundene Selbstgewißheit macht den Blick in das Leben zum Augenblick des Jetzt. Wird sich die Vernunft aber ihrer ekstatischen Fähigkeit bewußt, wie dies in der Kunst geschieht, dann wird diese Fassung entbunden.

Dazu ist nicht, wie bei Nietzsche, der Rausch notwendig, der das Leben steigert, das Leben ist hier selbst Steigerung, es steigert sich vom „Mehr-Leben" zum „Mehr-als-Leben"[121]. Simmel macht, in einer Abwandlung von Nietzsches Ekstasebegriff, das Wissen selbst zum Rausch. Das Leben steigert sich nicht nur in der Exuberanz der physischen Enthemmung, es ist auch als Sich-wissen Entfesselung.

Das künstlerische Schaffen entbindet von der abstrakten Selbstverhaftetheit des Lebens und öffnet den Moment auf den Tod hin. In dieser Aus-

---

in seinem Hinübergreifen über jeden Zeit*punkt* und Querschnitt tatsächlich *sehen*, mag sich dadurch vermitteln, daß der Sehvorgang ja selbst ein Lebensvorgang ist."
[119]Simmel, 1916, 135: „Eine Zeit, die schlechthin nur verfließt, sozusagen gedächtnislos, wäre keine Zeit, sondern ein ausdehnungsloses Jetzt."
[120]Simmel, 1916, 51: „Ist die Bewegung wirklich in ihrer ganzen Kraft, Richtung, undurchkreuzten Einheit innerlich erfaßt und künstlerisch durchlebt, so ist der geringste Teil ihrer Erscheinung eben schon die ganze, denn jeder Punkt enthält ihr bereits Abgelaufenes, weil es ihn bestimmte - und ihr noch Bevorstehendes, weil er es bestimmt - und diese beiden zeitlichen Determinationen sind in der einen, einmaligen Sichtbarkeit dieses Striches gesammelt, oder vielmehr: sie *sind* dieser Strich."
[121]Simmel, 1918.

richtung gibt es dem Leben die Ausrichtung auf das Wissen des Wissens. Die künstlerische Entbindung vom Augenblick einer zeitlosen Präsenz macht den Tod immanent[122] und das Leben damit transzendent. Das Leben kann nur dem Anspruch der Steigerung genügen, wenn es den Tod in den Augenblick integriert.

Die Ganzheit des Lebens läßt das Einzelne über sich hinausgehen. In der lebendigen Bewegung, die der Maler auf das Papier bringt, ist nicht nur ein Verlauf von Punkten oder Linien zu sehen, hier ist die lebendige Ganzheit ausgedrückt und damit der Tod in jeder Linie mitgewußt. Schon ein einfacher Strich kann die Totalität des Lebens ausdrücken, da er kein präsentes, zeitloses Faktum ist, sondern ein Ereignis, das als solches Geschehen prinzipiell die Ganzheit des Leben einschließt. Dabei ist das Geschehen kein abstrakter kontinuierlicher Verlauf, sondern immer von Schwellen und Brüchen durchsetzt. Der Strich als Ereignis und lebendiges Geschehen ist auf Entstehen und Vergehen ausgerichtet und damit prinzipiell ekstatisch angelegt. Ekstatisch heißt auch hier, daß Geburt und Tod mitgewußt werden, nicht als bloßer Anfang und Ende eines selbst zeitlosen Komplexes, sondern als auf sich selbst bezogenes und das Wissen selbst betreffendes Faktum.

Die prinzipielle Ausrichtung des Wissens auf seine Grenzen kann gestaltet und damit sichtbar gemacht werden. Dies gelingt in der Meisterschaft der Kunst, wie Simmel am Beispiel Rembrandts zu zeigen glaubt. Hierbei wird anschaulich gemacht, was als unanschauliche Gewißheit im Wissen liegt, sein Sich-wissen, aber nicht als bloße Verdoppelung oder als bloßer Spiegel, sondern als Gewißheit von Geburt, Tod und Endlichkeit der Existenz. Diese Gewißheit ist eine andere als die bloß faktische, daß Existenz endlich und sterblich ist. Im Faktum wird die Betroffenheit nicht mitgedacht. Sie ist aber der entscheidende Faktor des Sich-wissens; ohne diese Betroffenheit bleibt das Wissen um Geburt und Tod einfaches, nicht reflexives Wissen. Es bliebe sich damit genau so äußerlich wie jedes andere Wissen.

---

[122]Simmel, 1916, 99: „Denn solange der Tod außerhalb des Lebens steht, solange er - in dem dafür bezeichnenden räumlichen Symbol - der Knochenmann ist, der plötzlich an uns herantritt, ist er natürlich für alle Wesen einer und derselbe. Zugleich mit seinem Gegenüber-vom-Leben verliert er seine Immergleichheit und Allgemeinheit; in dem Maße, in dem er individuell wird, in dem 'jeder seinen *eigenen* Tod' stirbt, ist er dem Leben als Leben verhaftet und damit dessen Wirklichkeitsform, der Individualität."

Doch gerade Selbstbetroffenheit und Unabwendbarkeit dieses Wissens machen es zu einem innerlichen, zum eigentlichen Selbstwissen.
An der Unabweisbarkeit des Wissens entzündet sich die Angst, aber auch die Freude, die Liebe, die Verzweiflung und Hoffnung. Das Sich-wissen ist kein bloßes Wissen, ja es zeichnet sich dadurch aus, daß es sich dieser Nivellierung zum bloßen Wissen verweigert, wie Kierkegaard an der Verzweiflung zeigt. Selbst der ausdrückliche Willen, das reflexive Wissen zum bestimmten zu machen, führt zur Verzweiflung. Von einem Verfall in die bloße Äußerlichkeit kann nicht die Rede sein; die Vernunft bleibt ekstatisch-verzweifelnd, auch wenn sie sich in statische Selbstauslegungen und Identitäten hineinbegibt. Jede Flucht in solche stabilen Verhältnisse muß von der ekstatischen Ausrichtung gesehen werden und ist von ihr her zu verstehen.
Die Außenseiterrolle, die der Tod im flüchtigen Dasein hat und die ihn auch zur äußeren Bedrohung macht, ist so ein Mißverständnis, das aber nicht zur Aufhebung der Immanenz des Todes führt. Er bleibt auch in der Verdrängung Teil der ekstatischen Ausrichtung der Vernunft. Gerade deshalb ist er auch künstlerisch darstellbar. Nicht das Faktum kommt dabei zur Erscheinung, sondern die Betroffenheit und Unabweisbarkeit, in der sich dieses Wissen selbst innerlich ist. Die Kunst ist damit Veranschaulichung der ekstatischen Vernunft, sie stellt die Ausrichtung der Vernunft auf die Brüche dar. Die Brüche verlieren dabei ihren externen und bedrohlichen Charakter und werden als Momente der Steigerung gewußt. Der Tod erscheint wieder als das, was er ist, als unverzichtbarer Teil des Lebens, nicht nur des organischen, sondern auch des existentiell verstehbaren.
Simmel zeigt, daß die ekstatische Ausrichtung der Vernunft die Voraussetzung für ihre Reflexivität ist. Mit Kant kommt er darin überein, daß weder die zweckhafte noch die ursächliche Bestimmung diese Leistung vollzieht. Ursache und Zweck als Ausrichtungen der Vernunft sind primär ekstatisch und erst dann, im bloßen Wissen, statisch und festlegend. In der Ekstase kommen Ursache und Sinn auf und werden dann konkret festgelegt.
Hierin liegt die Apriorität der Ausrichtung vor der Festlegung. Gleichzeitig wird deutlich, daß ein festgelegter Sinn und eine festgelegte Ursache nie diese ekstatische Bedeutung vermitteln. Deshalb müssen sich die fixierten Inhalte auch wieder auflösen. Die mitgewußte ekstatische Ausrichung löst jedes Etwas und jede Identität in der Verzweiflung, aber auch in der Erotik

auf. Diese Auflösung ist kein Todestrieb und keine Aggression, sondern der Anspruch der Vernunft auf ihr ekstatisches Sich-wissen.
Von Kant unterschiedet sich Simmels Ansatz in der Veranschaulichung der Ekstatik und ihrer Objektivität. Hier geht es nicht nur um die Erholung und Rekreation der Vernunft im inneren Spiel der Einbildungskraft, hier geht es um die Möglichkeit des Wissens, seine Verankerung im reflexiven, also nicht bestimmenden Sich-wissen. Über Kant hinaus wird der religiöse Charakter dieses Basiswissens deutlich. Es ist ja auch kein beliebiges Spiel der Einbildungskraft, es ist die Ein-bildung der Grenzen und Brüche des Lebens. Diese Inhalte sind keine spielerischen und spaßigen Themen, sondern diejenigen, die das Leben und das Wissen zwischen seine Endpunkte gespannt sehen. Es macht aus Leben gewußtes Leben, weil es die absoluten Gewißheiten entdeckt und damit Reflexivität und Selbstgewißheit erzeugt. Angesichts dieser Gewißheiten, auf die die Venunft sich ausrichtet und die sie reflexiv werden läßt, differenziert die Vernunft zwischen den faktischen und profanen Gewißheiten, die sie selbstgenügsam und selbstverständlich weiß und jenen, in denen sie sich selbst und ihren Zusammenhang mit dem Leben entdeckt, also den Grenzen des Lebens.
Hier liegt die Differenzierung zwischen heilig und profan. Heilig sind alle Bedeutungen, die aus der inneren Gewißheit der Selbstbetroffenheit der Vernunft stammen und damit Selbstgewißheiten sind, profan sind alle Bedeutungen, die das Eigensein der Vernunft nicht betreffen und damit faktische Selbstverständlichkeiten sind.
Das Spiel der Einbildungskraft hat also einen sehr ernsten Hintergrund, da sie die Bedeutung von Leben und Tod einbringt. Die Ernsthaftigkeit des Spiels, die sich bei Schiller schon zeigt, wird von Simmel noch einmal zugespitzt. Das Spiel ist nicht nur ernst, es ist sogar heilig. Im Spiel holt der Mensch seine ekstatische Ausrichtung aus den statischen und festgelegten Bedeutungen zurück. Die bloße Bedeutung, die kein Wissen um den Sinn von Bedeutungen hat, nimmt der Vernunft ihre Möglichkeit des Hinausstehens, also sich auf Welt, Mensch und Gott auszurichten. Sie hält das fest, was eingeholt wurde, aber sie gibt ihm nicht den ausstehenden Sinn der Bedeutung. Hierdurch ist die bloße Bedeutung profan. Das Heilige dagegen zeigt den Ernst des spielerischen und unschuldigen Lebens an.
Alles festgestellte Wissen ist nicht selbstgenügsam, sondern von der Vernunft auf die Gewißheiten ihres Betroffenseins, also ihrer Endlichkeit, ausgerichtet. Alles Wissen ist an dieser Selbstgewißheit orientiert und

macht darin die Profanität des Selbstgenügsamen offenbar. Das Wissen um die Profanität ist schon Mitwissen des Heiligen. Das Heilige kann vom Begriff und der Bedeutung nicht angetastet werden, es bleibt Wissen des Wissens, Wissen um die Profanität des faktischen Wissens. In diesem Mitwissen ist das Heilige das Wissen um die Wirklichkeit der Vernunft, in der sie ihren unabweisbaren und unübertragbaren Inhalten begegnet, und das Wissen um die Möglichkeit der Vernunft, sich in diesen Selbstgewißheiten anschauen und daraus gestalten zu können.

Simmels Ästhetik ist Kernpunkt seiner Lebensphilosophie und macht den hier von Nietzsche übernommenen und weitergeführten Ansatz deutlich. Die Steigerung, die, entgegen Nietzsche, nicht im bloßen Mehr-Leben, sondern im Mehr-als-Leben liegt, bringt das Leben vor seine transzendenten Gewißheiten und macht diese Transzendenzen zu Teilen des Lebens, soweit es existentiell erfahren wird, deutlich. Im bloßen Mehr-Leben ist das Leben nicht ekstatisch, sondern immanent. Es verbohrt sich in den Augenblick, den es als Moment steigern will. Die existentielle Ekstase zeigt sich im Mehr-als-Leben, dieser von Nietzsche in seiner physiologischen Orientierung nicht mehr nachzuvollziehenden Form einer Grenzüberschreitung des zeitlichen Jetzt. Der Begriff des Mehr-als-Lebens löst alle Vorstellungen von Ausgelassenheit auf und gibt der Ekstase die existentielle Bedeutung, die sie vor allem in der Mystik hat. Dabei geht es nicht um die Steigerung des momentanen Erlebens, also nicht um die Intensivierung des Augenblickes, es geht um die Weitung des Begreifens zum existentiellen Verstehen. Dabei werden die bloß augenblicklichen Erlebens- und Wissensformen verlassen und die Rückführung des Verstehen auf seine Fernerfahrung entwickelt.

Die konkrete Betroffenheit, die sich hier aus der Kenntnis der Brüche und Inhomogenität des Leben einstellt und als Selbstgewißheit die ekstatische Ausrichtung der Vernunft in Zeit, Raum- und Grunderfahrung stimmt, gibt der Reflexion den Charakter des Heiligen, des Unergreifbaren aber auch des Unantastbaren. Das Heilige kommt mit dem Wissen des Wissens auf und der damit gegebenen Gewißheit, daß diese Potentialität des Wissens nie zum einfachen Wissen werden kann. Es deutet sich gerade darin, daß es, wie in der Angst, scheinbare Gewißheiten unmittelbarer und identischer Art von ihrer Eigenbedeutung und Selbstverständlichkeit entbindet. Das Heilige liegt damit nicht über dem Profanen, sondern geht mitten durch das Profane hindurch, indem es die Eigenständigkeiten der profanen Gewißheiten durch die Gewißheit der von Geburt, Tod und Transzendenz betroffenen Existenz überhöht.

Das Selbstverhaftetsein unmittelbarer und identischer Gewißheiten, nicht ihr Inhalt, wird in dieser Krise aufgelöst. Darin kommen die Angst, die am Schönen orientierte Erotik und das Heilige überein. Raum, Zeit und Grund werden hier jeweils neu bestimmt und darin auch die Existenz neu ausgerichtet. Die Aktivität dieser Entbindung, die schon den Unterschied zwischen der Verzweiflung und der Schönheit gesetzt hat, steigert sich im Heiligen um dieses Moment einer konkreten Reflexivität der Existenz. Die ekstatischen Entbindungen lassen sich damit an der Abspiegelung, dem Wissen um diese Abspiegelung und an den konkreten Inhalten der Selbstbetroffenheit als Ursprung aller Reflexion festmachen.

Diesen letzten Aspekt hat Simmel auch in seiner Studie über Rembrandt verdeutlicht und damit nicht nur den Zusammenhang zwischen Kunst und allgemeiner Religiosität des Menschen gezeigt, sondern zugleich die Verbindung zwischen dem Schönen und dem Heiligen. Im Schönen wird nicht irgendeine Reflexivität oder Reflexivität überhaupt als freiheitliche Geistestätigkeit offenbar, sondern die um ihre Grenzen wissende und auf diese Grenzen zugehende und sie transzendierende Vernunft. Die Begrenztheit des Lebens bleibt nicht nur Faktum des sich wissenden Selbst, es wird Gegenstand der Gestaltung und damit intimstes Dokument der Vernunft.

III. Ekstasen der Begegnung
A. Die allgemeinen Formen der Begegnung
1. Transzendenz

Ein Denken, das sich selbst als Zyklus erfaßt, wobei das Ausgehen von einem Punkt zugleich als Rückkehr zu ihm gesehen wird, ist von der Tradition her ein mystisches Denken. In der Mystik Plotins und des an ihm orientierten Neuplatonismus ist jedes Ausgehen eine Rückkehr zum Ausgangspunkt. Kreisförmig ist die gesamte Kosmologie, kreisförmig kann aber auch die Biographie sein. Für Plotin ist der Abstieg des Geistes in die Seele und der Seele in den Leib nicht nur ein Vorgang der Zerstreuung und damit des Verfalls, es ist auch ein Akt der Hingabe, in dem sich die Kraft der Ursache mitteilt. Plotin zeigt also die Existenz in ihrer Doppeltheit als Zerstreuung und Reflexion[123]. Jeder Zustand ist aufgrund dieser doppelten Ausrichtung als Exzeß und Regreß zu verstehen, je nachdem, ob er als Ausgang oder Eingang verstanden wird. Das Verstehen erfaßt die existentielle Bewegung in ihrer zyklischen Gestalt.

Die zyklische Form verlangt den Exzeß und Regreß, das Wissen und das Mitwissen, Ausgang und Eingang des Existierens. Die Selbstverständlichkeit einer Bedeutung und Handlung führt zum einseitigen Exzeß, der als solcher immer leer und unerfüllt bleibt, wenn er nicht den Regreß, das Mitwissen des Sinnes der Bedeutung kennt. So ist auch die Selbstgenügsamkeit des Faktischen exzessiv, was sich darin zeigt, daß sie und nur sie den bedenkenlosen und zerstörerischen Übergriff auf den Anderen und die Welt leisten kann. Nur die Selbstgenügsamkeit des Faktischen entwickelt diese innere, eben exzessive Dynamik der Besessenheit, in der sich das Selbst zum Kerker gemacht hat und hier den Anderen, die Sache, Gott und sich selbst festhält. Hier sind Raum, Zeit und Grund in ihrer ekstatischen Ausrichtung zerstört und werden erst in einer globalen Regression des Selbst wiedergefunden, die dann einen destruktiven oder krankhaften Ansatz hat.

Jede Identität muß also als Gefahr oder sogar als Lebensgefahr gesehen werden, da jede Identität als Selbstgenügsamkeit zur Exzessivität und zur Besessenheit führt, wenn sie nicht vom Selbstverstehen der Vernunft immer wieder aufgelöst und weitergeführt wird. Die Weiterführung im Sinn

---

[123] Plotin, 1/136ff.

des „Mehr-als-Leben", nicht nur des „Mehr-leben", das nur exzessiv ist, ist eine Transzendenz aus dem identifikativen Bezug heraus. Diese Weiterführung führt zur Begegnung mit sich, (jetzt aber nicht mehr identifikativ), mit dem Anderen, (der ebenfalls nicht vereinnahmt wird), und schließlich mit dem Ursprung selbst, (dessen Erkenntnis auch nicht im Sinne einer begrifflichen und damit einseitigen Erfassen möglich ist, sondern ebenfalls nur in einer Begegnung). Die Transzendenzen sind Schwellenüberschreitungen zum Anderen hin, keine Verstiegenheiten in diffuse Regionen. Das Überschreiten der Schwelle in den Kategorien eröffnet die Andersheit überhaupt, das Nicht-selbstische der Begegnung und in der Begegnung. Sie eröffnet die Bedeutsamkeit von Andersheit überhaupt. Das Problem ihrer begrifflichen Erfassung liegt darin, daß sie vor jeder Sachlichkeit liegt und diese erst gründet. Die Begegnung ist keine Sache und kein Sachverhalt, sondern ermöglicht diesen erst. Der identifizierende Charakter, der die Sache auf den bloß inhaltlichen Bezug festlegt, grenzt dieses Moment der Begegnung aus oder macht die Begegnung zu einem subjektiven und reduzierbaren Anteil der Erkenntnis, der durch die Grundforderung des wissenschaftlichen Experiments nach Wiederholbarkeit ausgeschlossen werden muß. Eine moderne Epistemologie mit ihrer Forderung der Nachvollziehbarkeit und Wiederholbarkeit des Inhaltes muß nicht nur auf dieses Moment der Begegnung verzichten, sondern es ausschließen. Damit ist aber die Faktizität des Wissens um den Ursprung der Faktizität gebracht, die Begegnung und ihren kommunikativen, dialogischen Austausch zwischen den zwei noch nicht als solchen festgelegten Welten des Subjekts und des Objekts. Unter diesem Zwang einer nicht begegneten, sondern verfügten Erkenntnis wandelt sich auch die Schwellenerfahrung zur Grenzerfahrung. Die Vernunft geht, wie in Kants kritischem Ansatz, nur noch vom Status des „Gegebenen" aus, ohne den Geber oder auch nur die Situation des Beschenktwerdens oder Versorgtwerdens mitzubedenken. Aus der Erkenntnis ist hier bereits dieses situative Moment der Begegnung herausgenommen, weil es nicht mehr vernunftimmanent ist.
Erkenntnis muß aber verstanden werden als situatives Moment der Begegnung und der hierbei vollzogenen Transzendenz des Verstehensvorganges. Dies gilt auch und besonders für die Selbstgewißheit der Vernunft. Eriugena macht die strukturelle Form Selbstwissen zum Beispiel für ein tran-

szendierendes Wissen. Das „intelligo me esse"[124] bezeugt keine selbstgebundene Identität, sondern ein hierarchisches Selbstverstehen. Sein, Denken und ihre Verbindung werden als dreifacher Bezug von ousia, dynamis und energeia gezeigt. Dieser dreifache Bezug zu sich ist das reine Kreisen um sich (ousia), der ursächliche Bezug zu diesem Selbstbezug (dynamis) und die daraus sich ergebende Faktizität des Seienden (energeia). Das Verstehen (intelligo) leistet mit seinem ursächlichen Bezug auf das Sein (esse) das Faktum, daß ich bin. Der Bezug auf das Sein ist ein ekstatischer, kein synthetischer oder identifikativer. Das Sein selbst steht nicht zur Verfügung, wohl aber wird im Selbstwissen ein ekstatischer, genauer ein epistrophischer[125] Bezug zu ihm hergestellt, wodurch überhaupt so etwas wie Verstehen möglich ist. Während also die gedeutete Auslegung das Was an das Sein anbindet und es damit in der Selbstverständlichkeit des Was aufgehen läßt, es also dem Verstehen entzieht, wird im Daß der Bezug zum Sein ursprünglich hergestellt. Das Wissen ist hier nicht von etwas besessen, sondern steht ekstatisch zu dem Ursprung, den es nicht besitzen und verfügen kann.

Doch gerade in diesem Ausstand liegt die Möglichkeit der Freiheit, die für das Verstehen notwendig ist. Freiheit ist reine Transzendenz in der Rückbindung des Selbst an seinen Ursprung, ohne ihn zu vereinnahmen und ohne von ihm vereinnahmt zu sein. Das Ausmaß dieser Freiheit verdeutlicht Eriugena an dem „göttlichen Nichtwissen"[126]. Gott kann sich nicht als Was wissen, er weiß nur, daß er ist. Hier wird die Vermutung wach, daß im Sinne des Etwas gar nicht gewußt wird, sondern nur etwas durch etwas anderes dargestellt wird. Das inhaltliche und faktische Wissen ist bloße Allegorie. Eigentliches Wissen dagegen stellt nicht den Vergleich auf, sondern den Bezug zum Ursprung, weshalb es grundsätzlich verschieden ist von der Repräsentation. Ein authentisches Wissen wie das göttliche kann sich nicht in seiner Stellvertretung wiederfinden, sondern nur in dem hierarchisch auf sich bezogenen Wissen, dem freien Rückbezug des Daß. Einen solchen Bezug stellt der Mensch auch im „intelligo me esse" her; hier geht

---

[124] Eriugena, 1964, 27: „Dum ergo dico, intelligo me esse, nonne in hoc verbo, quod est intelligo, tria significo a se inseparabilia? Nam & me esse, & posse intelligere me esse, & intelligere me demonstro." Dt.:1984, 70f.
[125] Eriugena, 1984, 180f.
[126] Eriugena, 1984, 203: „Gott weiß also nicht, was er ist, weil er kein Etwas ist; er ist in jedem Etwas unbegreiflich, sowohl für sich selbst, als für jeden Verstand."

er selbst hierarchisch in seinen Ursprung zurück. In der Faktizität des Daß ist er in seinen Ursprung ekstatisch eingebunden.
Vergleicht man diese Form mit dem cogito bei Descartes, dann wird der Unterschied zwischen dem ekstatischen Bezug des intelligo zu dem statischen Bezug des cogito deutlich. Das cogito begründet ein selbstbezogenes Sein, das intelligo gibt einen Seinsbezug zwischen dem Faktum und seinem Ursprung zu erkennen. Während es bei Descartes zu einer Verschmelzung von Daß und Was kommt, bleibt der differenzierte Bezug im intelligo gewahrt. Damit kommt es auch zu keiner identifizierenden Selbstverständlichkeit, wie im cogito. Selbsterkenntnis ist auch eine Form von Begegnung und keinesfalls eine unmittelbare Intuition.
In der Überwindung des ekstatischen Bezugs der Begegnung in der Selbsterkenntnis liegt gerade das fortschrittliche Moment von Descartes' Denken. Hier wird das Daß im Was aufgelöst, so daß letztlich die Selbstgewißheit auch zur Sache werden kann, zur res cogitans. Das im Sachwissen aufgehende Selbstwissen ist dann in jeder Hinsicht sachlich geworden und ist als Sache verfügbar. Der Fortschritt des neuzeitlichen Konzepts der Selbstgewißheit liegt gerade im Verzicht und im Ausschluß der Transzendenz in der Begegnung. Im Verzicht ist der Ursprung der Faktizität nicht mehr erörtert. Das intelligo des Eriugena thematisiert dagegen gerade die Faktizität. Er läßt das Was im Bezug des Daß verschwinden, so daß er das Wissen als Rückgang der Seele und als Aufstieg sehen kann. Hier ist Wissen der Weg der Verinnerlichung der Selbst, ein Weg, der zu einer im Daß gewußten Utopie des Ursprungs führt.
Die Bewegung im Ausgehen und Zurückkehren ermöglicht die Begegnung und Selbstbegegnung, die Voraussetzung für alles Wissen sind. Die ekstatische Bewegung verliert nie den Ausgangpunkt, sie behält ihn bei, jedoch als solchen, auf den zurückgekommen werden muß. Damit ist schon deutlich, daß die Begegnung weder unmittelbar, präsentisch noch topisch ist, sondern utopisch. Dieses schwierige Verhältnis des Ursprungs zu seiner Entfaltung ist in Plotins Mystik der Emanation in einer kosmischen Vorstellung zu finden: die Seele verläßt ihren Ursprung, aber sie bleibt im Ausgehen mit ihm verbunden. Deshalb ist das Ausgehen Zerstreuung bis hin zur Krankheit, weil der Ursprung bewußt bleibt und nicht verlorengeht. Der Ursprung unterscheidet sich von der Zerstreuung und läßt sie als solche erscheinen. Gleichzeitig wird der Unterschied zwischen ausgehender und zurückkehrender Bewegung deutlich. Die ausgehende hat den Cha-

rakter von Selbstaufgabe und Verlust, die zurückkehrende von Konzentration und Gewinn, beide aber sind Bestandteile der Selbsterfahrung.
Daß das zyklische Wissen nur aus der Begegnung heraus verständlich ist, zeigt sich gerade in der hierarchischen Architektonik bei Dionysius Areopagita. Jeder einzelne stellt seinen Bezug zum Ursprung nur „mithilfe Gottes", als göttlicher Mitarbeiter, „cooperari Deo"[127], her. Das Mitwissen, das das Selbst auseinanderbrechen läßt in der Verzweiflung, Ehrfurcht und Bewunderung, erfährt hier den Aspekt der Begegnung dieses utopischen Zerrissenwerdens. Es ist um den Aspekt der Begegnung im Wissen bereichert. Jedes Wissen ist implizites Mitwissen der göttlichen Kooperation und damit immer eine Begegnung mit Gott. Dieses Mitwissen reißt das Wissen aus seiner Genügsamkeit und Selbstgenügsamkeit, es ist der Ursprung aller Neugier und gründet die ekstatische Verfassung der Vernunft. Hier hat die Unruhe der Seele ihren Ursprung, die alles Wissen ungenügsam macht. Wie Bonaventura sagt, genügt nichts der Seele, wenn es nicht ihre Fassungskraft übersteigt[128]. Alles Wissen genügt sich nur im Übersteigen, weil es durch sein Mitwissen der göttlichen Kooperation mitgerissen wird. Es genügt sich erst im Sich-nichtgenügen. Sein ekstatischer Charakter kommt allein von dem Mitgerissenwerden durch das Sich-nichtgenügen. Hier offenbart sich immanent die göttliche Transzendenz als Begegnung des Wissens mit sich und der dabei manifestierten Nichtgenügsamkeit. Deshalb kann auch nicht der Begriff das Mittel sein, Gott zu erfassen, wie schon Augustinus mit seinem berühmten Ausspruch feststellt: „si comprehendis, non est Deus", wenn du etwas begreifst, kann dies nicht Gott sein. Nicht auf dem Weg des Begreifens wird Transzendenz erfaßt, sondern im Genügen der Ungenügsamkeit. Die allein arbiträre Seite des Begreifens führt immer nur zur Selbstgenügsamkeit im Ergreifen und erfaßt nicht den entscheidenden Faktor des Hingerissenseins, in dem alles Wissen gegründet ist[129].

---

[127]Dionysius Areopagita, 1986, S. 37.
[128]Bonaventura, 1992, 182: „Nihil sufficit animae, nisi eius capacitatem excedat."
[129]Dies gilt auch für das Wissen Christi: Bonaventura, 1992, 210f: „Zum Urbild selbst aber ... gelangt die Seele Christi nicht durch Begreifen, sondern indem sie über sich hinausgeht. (Non comprehendendo, se excedendo) ... Daher erfaßt sie jenes nicht ganz und gar, sondern wird vielmehr erfaßt und dadurch zu jenem Unendlichen nicht nach Art des Begreifens, sondern vielmehr nach Art eines Überstieges geführt (et ideo ille non omnimodo capit, sed potius capitur, ac per hoc in illa non fertur per modum comprehensionis, sed potius per modum excessus)."

Wissen ist Begreifen und Hingerissenwerden und offenbart sich in dieser Doppeltheit als Begegnung. Es überschreitet sich und erfaßt sich in dem Ungenügen am bloßen Begriff als transzendierendes Wissen und als Transzendenz. Die Transzendenz selbst wird aber erst deutlich, wenn das Wissen sich dem Ursprung dieses Erfaßtwerdens annähert. Wenn das Wissen sich in seinem Hingerissensein annähert, dann wird ihm dieser Ort der Annäherung ungreifbarer, er verliert immer mehr die Verheißung konkreter Erfüllung und offenbart dabei stärker seinen utopischen Charakter. Das Hingerissensein, das sich zunächst im bloßen Exzeß zeigt, verwandelt sich zu immer größerer Zurückhaltung und offenbart in der Liebe seine Annäherung an etwas schlechthin Unnahbares.

Der Zyklus von Exzeß und Regreß ist damit dialogisch. Im Dialog kommt das Ich nur dadurch zu sich, daß es wieder auf sich zurückkommt. Für diesen Vollzug muß das Ich zunächst von sich loskommen, es muß mit sich brechen. Der Bruch mit sich ist nicht Bestandteil des Sich-wissens, vielmehr wird er dem Ich zugefügt und dort als Schmerz, Zerstreuung und Entrückung erfahren. Indem das Ich sich von sich und seiner Einheit lossagt, spricht es bereits den Dialog, der es ihm ermöglicht, sich wieder zu fassen und vom Anderen wieder auf sich zurückzukommen. Dieser Vorgang vollzieht sich als Dialog und im Dialog, der damit die Grundstruktur zyklischer Vorgänge ist[130].

2. Dialog

Die ekstatische Ausrichung des Sich-wissens ist geformt und bestimmt durch die verschiedenen Gestaltungen des Bruches der Sich-gewißheit, die in der Verzweiflung, der Ehrfurcht und der Bewunderung sowohl die Negativität der inneren Zerrissenheit als auch die Positivität der Sehnsucht nach dem Anderen zum Ausdruck bringt. Diese Ambivalenz ist das Merkmal der Ekstase. Das Selbst erfährt sich darin gebrochen, es erkennt aber diese Gebrochenheit als Voraussetzung für ein Sich-erstrecken-können auf etwas Unbekanntes und Nicht-wirkliches. Dieser Bezug ist nicht sofort eine Transzendenz, er ist zunächst höchste Gegenwärtigkeit und Immanenz,

---

[130]Zyklische Vorgänge in der Kybernetik können deshalb zu Recht als Kommunikationsvorgänge angesehen werden. Bateson, 1983.

da er den inneren Riß zum Gegenstand hat. Der Riß selbst ist also die im Selbst als das Andere erfahrene Realität.

Das Andere kommt nicht als Fremdes von Außen zu, sondern ist das Fremde im Inneren. Aufgrund dieser Fremde im Inneren kann Fremdheit überhaupt als das erlebt werden, was es ist. Der ungeheure Abstand zu sich selbst, der den Riß im Sein erzeugt, löst schon eine innere dialogartige Situation aus, in die der begegnende Andere eintritt und in der überhaupt Begegnung möglich ist. Begegnung zwischen autonomen Subjekten, also solchen, die sich in dieser Form der Autonomie erkennen, ist nur möglich aufgrund der Heteronomie besonderer Art, wie sie der Riß herausstellt. Im Riß ist, wie vor allem in der Verzweiflung deutlich wird, wie aber auch die Ehrfurcht und die Bewunderung zeigen, die Autonomie der Vernunft vernichtet. Gleichzeitig ist aber mit dieser Vernichtung eine höhere Fähigkeit von Vernunft entstanden, die sie in ihrer Sichgewißheit eine andere Gewißheit vernehmen läßt. Damit ist Vernunft keine Selbstreflexion, sie reflektiert, indem sie ihre Gebrochenheit erkennt, in sich das Andere.

Dieses Andere kann nun die Gestalt des Nichts haben, wie in der Verzweiflung, es kann die Gestalt des Überirdischen und Herrlichen haben, wie in der Ehrfurcht und der Bewunderung. Diese Gestalten sind keine Produkte der Vernunft, sondern Objekte, die sie erfaßt, weil sie gebrochen ist. Die Gebrochenheit ist die Voraussetzung einer Fremderfahrung, einer Nicht-Ich-erfahrung und ist für das Individuum die Bedingung für die Begegnung und den Dialog. Hier manifestiert sich die Struktur der Erfahrung. Sie ist ekstatisch ausgerichtet, weil die Vernunft in ihrer inneren Gebrochenheit auf das Andere stößt und auf es hinausgeht. Die innere Fremde des Ich in seiner Gebrochenheit wird hier zur Öffnung für ein Du. In dieser Ambivalenz ist das Dasein ekstatisch und damit zugleich bereit für den Dialog.

Ekstase ist also die in der Gebrochenheit erfahrene Selbstüberschreitung auf ein Anderes. Dieses Andere, das zunächst die Fremde des eigenen Bruches als Verzweiflung, Ehrfurcht und Bewunderung ist, enthüllt sich als das Du der Begegnung. Diese Verwandlung kann aber nur stattfinden, weil die ekstatische Vernunft immer schon das Du in der Selbstgewißheit mitweiß. Das Mitwissen ist also ein dialogisches. Das Du des Mitwissens bricht die Selbstgewißheit auf und läßt sie nie zur Ruhe der Selbstgenügsamkeit finden. Die Selbstgenügsamkeit kann damit nie das Ziel der Vernunft werden, ebenso nicht die Identität, weil Vernunft als ekstatische das

Du enthüllen will, das sich ihr in verhüllter Weise im Zerreißen des Selbstgenügsamen ankündigt.

Damit sind mehrere Punkte festzuhalten: Die Autonomie des Selbst fordert eine Selbstgenügsamkeit, die aber nicht realisiert werden kann, sondern sich beim Versuch der Realisierung vernichtet. In der Vernichtung zeigt sich das Selbst gebrochen, doch der Bruch offenbart nicht bloß die Unmöglichkeit des Selbstgenügsamen, sondern auch die Möglichkeit der Selbstüberschreitung. Hierin drückt sich die Ambivalenz von Verzweiflung, Ehrfurcht und Bewunderung aus. Sie thematisieren in gleicher Weise die Anwesenheit eines Fremden wie die Abwesenheit des Eigenen und Selbstischen. Sie sind insofern Zustände einer Spannung zwischen Abwesenheit und Anwesenheit. Das Mittel der Vergewisserung ist das Symbol oder die Spur, also eine Bildform, in der sich das Ich nicht als solches sieht und dennoch wiedererkennt. Der innere Bruch ist nicht ein endgültiger Zustand, sondern nur Ankündigung eines noch verhüllten Du. Damit ist aber verbunden, daß es keine absolute Negation geben kann. Alle Negation trifft nur die Verhüllung des Du, das als Selbst sich nicht fassen könnende Selbst.

Die ekstatische Vernunft ist kein reines reflexives Selbstvernehmen, sie ist gebrochene Selbsterkenntnis. Ihren Bruch erfaßt sie als das Fremde und Andere und vollzieht damit den ekstatischen Schritt auf das Du, das hier noch verhüllt ist[131]. Der Schritt selbst wird im Dialog vollzogen, der zwar auch innerlich, aber immer mit diesem Anderen geführt wird. Die Bewegung geht vom Selbst weg, der Dialog geht auf das Andere und den Anderen. Das Ich findet sich hier aufgelöst in diese Bewegung, ohne sich darin zu verlieren. Im Gegenteil erlangt es in der Ekstase seine Autonomie wieder.

Damit verbunden ist die Bedingung, daß alles im Dialog Gesagte und Gedachte nie als eigener Schluß erscheint, sondern ein den eigenen Schluß übersteigendes Empfangen und Verausgaben ist. Empfangen und Verausgaben kann aber nur ein Subjekt, das zur Gastlichkeit bereit und disponiert ist[132]. Im Gegensatz zum einseitigen Willensakt oder zu einer Intention

---

[131] Buber führt hierzu aus, daß das Du, um Du zu bleiben, in dieser Verhüllung bleiben muß: Buber, 1994, 13f.
[132] Lévinas, 1987, 28f: „Dieses Buch stellt die Subjektivität als etwas dar, das den Anderen empfängt, es stellt sie als Gastlichkeit dar. In der Gastlichkeit erfüllt sich die Idee des Unendlichen. Daher definiert sich das Bewußtsein in seinem fundamentalsten Be-

setzt Gastlichkeit einen freien Entschluß voraus. Der Willensakt und die Intention sind in ihrer Motivation einseitig nach außen gerichtet. Die Gastlichkeit zeigt die Doppelhandlung des Gebens und Nehmens in einem Vollzug und macht damit die Einseitigkeit eines intentionalen Erkenntnis- und Handlungsbegriffes deutlich.

Wenn Intentionalität des Wissens zugrundegelegt wird, und dieser Akt ist ja selbst ein Ausgrenzen des Risses, dann reduziert sich das Wissen auf sein Was und läßt das Daß nur noch als selbstgenügsames Faktum gelten. Hierbei ist das Daß in die Selbstverständlichkeit des abgeklärten Was aufgenommen und die ontisch-ontologische Differenz aufgehoben. Nicht das Daß selbst ist das bloß Faktische, sondern das vom Was verstandene Daß. Das bloße Daß hat also die ontisch-ontologische Differenz überwunden und ist ein als Was gewußtes Daß.

Die Bedeutung dieser Differenz liegt nun gerade darin, daß sie diese differenten Verstehensformen auseinander hält und den Übergang als Schwellenerfahrung und Transzendenz aufweist. Dabei ist auch entscheidend, von welcher Seite aus die Schwelle überschritten wird. Ist es ein Schritt vom Was zum Daß oder ein Schritt vom Daß zum Was? Der Unterschied ist entscheidend und macht eine Hierarchie im Wissen deutlich, also Ein- und Ausgang als Hinnahme und Zurückgabe.

In der Philosophie Kants läßt sich diese Bewegung als Spontaneität und Rezeptivität der Erkenntnis wiederfinden, wobei die Spontaneität dem Verstand, die Rezeptivität der Sinnlichkeit zukommt[133]. Die Spontaneität fordert einen Diskurs durch die mannigfaltigen Sinnesdaten und erzeugt damit eine „Synthesis"[134]. Von der ekstatischen Bewegung her gesehen, ist diese Vereinheitlichung einseitig, sie geht, wie alle Synthesis, von der „synthetischen Einheit der Apperzeption" aus, ohne zu ihr zurückzukehren. Erst in der „Kritik der Urteilskraft" wird dieser einseitigen Bestimmung die Reflexion auf den Erkenntnisvorgang selbst zugestanden. Die Erkenntnis gerät bei der Betrachtung des Schönen in das „Spiel der Erkenntniskräfte", bei dem sie sich von der Arbeit der Bestimmung erholt[135]. Dieser Rückgang der Erkenntnis auf ihr bloßes Spiel läßt eine Spezialisie-

---

reich nicht durch die Intentionalität; in der Intentionalität bleibt das Denken *Adäquation an das Objekt.*"
[133]Kant, KrV, B 74.
[134]Kant, KrV, B 102.
[135]Kant, KU, § 12 s.o.

rung der Ästhetik aufkommen, die klar von der sonstigen Verstandesarbeit unterschieden ist. Während in der Spontaneität des Verstandes die Sinnlichkeit bearbeitet wird, gönnt sie sich hier eine Ruhepause und kräftigt sich an dem autonomen schönen Gegenstand. Spontaneität und Rezeptivität sind in dieser Synthesis keineswegs gleichgestellt; die Synthesis findet unter dem Diktat des Verstandes statt, und selbst bei dem Urteil „schön" ist es wieder der Verstand, der hier die Zügel etwas lockerer läßt. Die Erkenntnis ist hier also monologisch ausgerichtet, da nur der Ausgang von der ursprünglichen Einheit ausschlaggebend ist, nicht der Eingang. Die Rezeptivität ist nur ein passives Empfangen und Stillhalten bis zur Bestimmung durch die Spontaneität[136].

Gastlichkeit in der von Levinas verstanden Form der Doppelhandlung ist nicht als bloße Rezeptivität verständlich. Als ekstatische Rezeptivität ist sie Hingabe und Empfangen in einem. Sie kann nur empfangen, wenn sie sich dem zu Empfangenden hingibt. Diese Erweiterung des Passiven zum Pathischen hin geht nicht bruchlos vonstatten, sondern setzt die Ekstase voraus, durch die das Ich in seiner Selbstgenügsamkeit aufgebrochen wird und sich dem Nicht-Ich öffnet. Der Austausch zwischen dem Ich und dem Anderen ist nur in dieser aufgebrochenen Offenheit möglich. Dialog vollzieht sich deshalb nur im ständigen Aufbruch von sich selbst und ist nicht von vornherein gewährleistet.

Die aktive Seite, die zur Hingabe an das Empfangene notwendig ist, wird in einem Überstieg vollzogen, bei dem das Ich seine Disponiertheit und damit seine Passivität überwindet. Es bricht mit seiner Vergangenheit, um sich an dasjenige wenden und hingeben zu können, was als Gegenwart und Zukunft auf es zukommt. Zu diesem Bruch mit sich bedarf es aber des Du. Im Dialog greift das Du die Vergangenheit des Ich ein, indem es in der

---

[136] Im Unterschied dazu spricht auch Balthasar von einer aktiven Rezeptivität, wenn der ganze Erkenntnisvorgang von der Liebe getragen ist: „„...mit steigender Selbstbestimmung steigert sich auch die Möglichkeit und Fähigkeit, sich von Anderem bestimmen zu lassen. Die hierzu vorausgesetzte Passivität hängt mit der innersten Freiheit des Geistes zusammen, der sich in der Freiheit der Liebe entschließt, sich in der Liebe frei bestimmen zu lassen... Die Liebe würde gerne auf manches Gewußtes verzichten, wenn sie dadurch neu vom Geliebten empfangen könnte, ja sie würde sogar das Wunder zustande bringen, Dinge, die sie weiß, nicht mehr zu wissen, nur um fähig zu sein, sie als Geschenk des Geliebten *neu* entgegenzunehmen." Balthasar, 1985, 40f. (Hervorh. zugefügt).

Hingabe an das Empfangen dem Ich die Möglichkeit gibt, mit sich als Ich zu brechen und sich auf den Augenblick hin zu übersteigen.

B. Die konkreten Formen der Begegnung
1. Exzeß

Die radikale Absage an den Positivismus jeglicher Art, nicht nur des biologisch und physiologisch orientierten, wie er in den Naturwissenschaften und in der Medizin vorherrschte, sondern auch eines ökonomischen und moralischen, prägt das Schrifttum von Bataille im ganzen, also auch in den literarischen Schriften. Die Begegnung mit Kojève[137], von der er selbst sagt, daß sie ihn zu der Zeit „zehnmal mehr mitgenommen, zermalmt und erschlagen" hat als alles andere, konnte nur etwas ansprechen, was ihn selbst schon in seinem Denken beschäftigt hatte, die Frage nach der *Gewalt* und ihr Auftreten in der agressiven und sexuellen *Begierde*. Kojève hat mit seiner an Hegel orientierten Auslegung von Gewalt und Begierde den philosophischen Hintergrund zu einer solchen Diskussion eröffnet[138].

Bataille ist auch von der Ethnologie stark beeinflußt und kennt die Forschungen von Mauss und Dumézil, Lévi-Bruhl, und auch die Arbeiten seines Freundes Caillois über das Heilige. Vor diesem Hintergrund wird der Begriff der Verlusthandlung, der *opération de perte*, entwickelt[139].

Das Heilige, nicht nur die Heiligtümer der Religion, entstehen durch Verlusthandlung, indem der profane Zweck nicht nur boykottiert, sondern verneint und vernichtet wird. Diese Vernichtung wird vollständig im Opfer erreicht. Der Sinn des Opfers liegt in der Zerstörung der zweckhaften Anbindung der Dinge und ihres Verbrauchs. Nicht die Dinge sind das Ziel der Zerstörung, sondern ihre profane, zweckhafte Gestalt.

In der Ekstase und in der Zerstörung sind also nicht die Dinge in ihren Eigenschaften betroffen, sondern das Bewußtsein der Dinge. Dieses Bewußtsein läßt die Dinge nicht zum Spiegel werden, sie bekommen und behalten durch den Pragmatismus eine Eigenständigkeit, die sie gleichsam undurch-

---

[137]Kojève hielt am Collège de France in den Jahren 1933-39 Vorlesungen über Hegels *Phänomenologie des Geistes* und widmete sich dabei besonders dem Kapitel „Herrschaft und Knechtschaft". Diese Vorlesungen gehören sicherlich zu den bedeutenden kulturellen Ereignissen in Frankreich, saßen unter den Zuschauern doch die künftige Generation des geistigen Lebens, wie Lacan, Sartre und eben auch Bataille.
[138]Kojève, 1975.
[139]Bataille, 1985, 13: „Die Kulte verlangen eine blutige Vergeudung von Menschen und Tieren *als Opfer*. Das 'Sakrifizium' ist jedoch etymologisch nichts anderes als die *Erzeugung heiliger Dinge*. Damit ist klar, daß heilige Dinge durch eine Verlusthandlung entstehen."

sichtig macht. In der pragmatischen Identität werden sie als realer Zweck verstanden, nicht aber als Gabe der Natur. Sie zeigen ihre blinde Oberfläche und vermitteln als Ursache und Hintergrund allenfalls eine mechanisch produzierende Natur.

Diese Vision vom Sinn der Zerstörung setzt voraus, daß es einen ursprünglichen Glanz der Welt gegeben hat und gibt, in dem Dinge, von ihrer zweckhaften Anbindung gelöst, in ihrer Intimität erscheinen. Diese Intimität kennt keine Objekte, Zwecke und Dinge, sondern sieht die Welt transparent, als Austausch von Gaben und Gegengaben zwischen Subjekten[140]. Diese Intimität geht durch die Arbeit und ihre verknechtende Auswirkung auf den Menschen, sein Handeln und Denken verloren[141]. Dabei verfällt die Welt zu den genau erkennbaren und definierten, aber glanzlosen Dingen. Ihr graues, nichtssagendes Erscheinen, dem auch die Menschen unterliegen, indem sie zu Produkten der Arbeit werden, muß zerstört werden, um dem Grundbedürfnis nach Glanz und Transparenz zu entsprechen und sie in ihrer Ursprünglichkeit wieder herzustellen. Deshalb ist das Ziel des Opfers nicht das Ding in seinem Eigensein und Glanz, sondern die Verdunkelung, die das produzierende Bewußtsein um das Ding geworfen hat. Das Opfer zerstört den pragmatischen Sinn der Dinge, um den heiligen und faszinierenden hervorzuholen. In der Intimität erfaßt das Bewußtsein das Etwas nicht als Etwas, sondern findet zur Innerlichkeit des Dinges und damit zum Selbstbewußtsein zurück[142].

---

[140]Bataille, 1985, 87: „Der Augenblick der Dämmerung, wenn Sonnenstrahlen von den Wolken gedämpft werden und die Lichtspiele erlöschen, scheint die Dinge auf das zu reduzieren, was sie sind. Der Irrtum ist offensichtlich: ich habe immer nur das Universum vor mir, das Universum ist kein *Ding*, und ich täusche mich keineswegs, wenn ich seinen Glanz an der Sonne erkenne. Aber wenn sich die Sonne verbirgt, dann sehe ich die Scheune, das Feld, die Hecke viel genauer. [...] Ebenso bringt die Knechtschaft einen Mangel an Licht in die Welt, nämlich die abgesonderte Position eines jeden, nur noch zum *Gebrauch* bestimmten *Dinges*. Licht und Glanz vermitteln die Intimität des Lebens, das, was es eigentlich ist, was vom Subjekt als seinesgleichen und als Transparenz des Universums erkannt wird."

[141]Bataille, 1985, 87: „Durch die Einführung der *Arbeit* trat an Stelle der Intimität, der Tiefe der Begierde und ihrer freien Entfesselung von Anfang an die rationale Verkettung, bei der es nicht mehr auf die Wahrheit des Augenblicks ankommt, sondern auf das Endresultat der *Operationen*."

[142]Bataille, 1985, 233: „Es geht darum den Punkt zu erreichen, an dem das Bewußtsein nicht mehr Bewußtsein *von etwas* ist. Mit anderen Worten, sich der entscheidenden Bedeutung des Augenblicks bewußt zu werden, in dem das Wachstum (der Erwerb *von etwas*) sich in Verlust auflöst, und genau das ist *Selbstbewußtsein*, das heißt ein Be-

Der pragmatische und profane Sinn entsteht im zweckhaften Umgang mit der Welt. Dieser Umgang gipfelt im Prinzip der Entsprechung, von dem sowohl das Bewußtsein als auch das Handeln bestimmt werden. Im Bewußtsein dominiert die Gleichsetzung und Gleichstellung, die Suche nach Identität des Etwas als Etwas, im Handeln schlägt es sich in den Tauschformen einer modernen Wirtschaft nieder. Im Entgelten durch die Bezahlung, das dem Prinzip der Entsprechung, Gleichmäßigkeit und Gerechtigkeit unterliegen muß, werden die Dinge in ihrer zweckhaften Anbindung formalisiert und identifiziert. Dabei geht die Bedeutung der *Gabe* und der Zugang zum symbolischen Verstehen immer mehr verloren. Das zum Ding verfallene Objekt ist nicht mehr Hingabe und Gegengabe als Zeichen für das Sein, sondern wird zur Ware. In ihr spiegelt sich nur noch der Marktwert. Die Entsprechung dieses Wertes ist damit extrovertiert, der Wert bekommt eine objektive und selbständige Position.

Die Zerstörung im Opfer entfesselt sie davon und gibt sie damit dem Kosmos zurück. Deshalb ist das Opfer eine Gegengabe für die Geschenke der Natur. Sie stellt das intime Verhältnis wieder her, das zwischen Subjekt und Objekt ursprünglich vorherrscht[143]. Die Gegenständlichkeit und Entfremdung kommt also durch die Verzweckung, die durch das Opfer wieder aufgehoben wird.

Diese Rückkehr in die „heilige Intimität der Natur" durch das Opfer ist ein transzendentaler Schritt, der die Schwelle des profanen, verzweckten Lebens überschreitet und in die Intimität des sich offenbarten Lebens zurückführt. Hier findet sich das bewußte Leben wieder, das in der Zweckbindung verlorengegangen ist. Dieses Bewußtsein erfaßt das Leben nicht nur als leeres Geschehen, sondern als Gabe und Gegengabe. Der Rückgang zur heiligen Ordnung wird gerade im exzessiven Verschwenden offenbar[144].

---

wußtsein, *das nichts mehr zum Gegenstand hat.* (Außer der reinen Innerlichkeit dessen, was kein Ding ist.)"

[143]Bataille 1985, 86: „Das Opfer gibt der heiligen Welt zurück, was der dienstbare Gebrauch degradiert, profaniert hat. Der dienstbare Gebrauch hat ein *Ding* (ein Objekt) aus dem gemacht, was zutiefst von gleicher Art ist, wie das *Subjekt*, das sich mit dem Subjekt in einer Beziehung intimer Partizipation befindet. Es ist nicht notwendig, daß das Tier oder die Pflanze, die der Mensch zu seinem Nutzen in *Dinge* verwandeln sollte, durch das Opfer wirklich zerstört werden. Sie müssen nur als *Dinge* zerstört werden, *d.h. sofern sie Dinge geworden sind.*"

[144]Ebd. 89: „Was die Rückkehr der *Dinge* zur *intimen* Ordnung sichert, ist ihr Eintreten in diesen Kreis der Verzehrung, wo die Gewalt immer nur mit großer Mühe zu begrenzen ist."

Exzeß und Regreß gehören zusammen, so daß die Rückkehr zur heiligen Ordnung zugleich die Verschwendung und Entfesselung ist, und umgekehrt ist jede Verschwendung und Entfesselung eine Wiederherstellung der Intimität.

Batailles Begriff der Ekstase ist damit auch zyklisch vorgestellt. Die Transzendentalität der Vernunft geht auf ihre Überschreitung des Dingcharakters, in dem die Vernunft gefesselt und entfremdet ist. Batailles Mystik ist damit grundsätzlich plotinische Mystik. Auch die Verschmelzung von theoretischer und praktischer Vernunft im Begriff des Dinges, das mit dem objektiven Bestand zugleich seinen Verfallscharakter offenbart, ist plotinisch. Jedes Ding stellt sich selbst und seinen Stellenwert in der Hierarchie dar. Es ist damit objektiv und symbolisch zugleich.

Der Doppelcharakter des Dings, seine im Zweck zum Gegenstand gewordene und dabei erstarrte Subjektivität, die aber zugleich Gegenstand des Opfers ist, zeigt die zwei Seiten des Heiligen und Profanen. In der heiligen Intimität werden die profanen Identitäten zerstört. Das Profane, in dem der Mensch sich gewöhnlich aufhält, wird bei dieser Zerstörung überschritten. Deutlich ist hier die Verflüssigung erstarrter Formen zu erkennen. Die exzessiv-regressive Überschreitung macht den Moment zum Augenblick durch die Vergegenwärtigung des Todes und der Erotik, die letztlich das Gleiche sind. Eros und Tod als Ausgang und Eingang des Lebens versammeln sich im Augenblick und machen ihn zu einem exzessiv-regressiven Geschehen[145].

Dieser Zusammenfall von Exzeß und Regreß in der tödlichen Erotik und im erotischen Tod ist die Grundfigur der Ekstase bei Bataille. Der erotische Augenblick spannt sich hier zum Tode hin, und umgekehrt offenbart sich der Tod im Zustand höchster Erotik. In „L'histoire de l'oeil,", „Die Geschichte des Auges"[146], wird dieser Zusammenfall von Tod und Erotik im Augenblick auf die Spitze getrieben. In diesem Augenblick blicken nicht mehr die lebenden, sondern die toten Augen. In ihrer Materialität

---

[145]Bataille 1994, 228: „Die Tiere kennen angesichts der Gefahr Reflexe wie Bewegungslosigkeit oder Flucht; diese Reflexe zeugen von einer wesentlichen Sorge, deren Formen beim Menschen zahllos sind. Den Augenblick leben, ohne sich der Sorge unterzuordnen, die diese Reflexe bestimmt: das heißt sich selber sterben oder wenigstens Aug in Auge mit dem Tod leben."

[146]Bataille, 1972. Schon in dieser Frühschrift wird der krasse Materialismus von Batailles Ekstatik deutlich. Er ist der bloße Betrachter und Genießer, dem der Sinn einer solchen Einheit von Exzeß und Kontemplation nicht mehr bewußt ist.

gleichen sie Eiern und Hoden und sind dabei Symbole des Exzesses. Der Blick der Augen wird im höchsten Augenblick zur Materie der Augen selbst, er wird also blicklos. Der Exzeß wird zum Regreß, zur Rückverwandlung in die ursprüngliche und paradiesische Intimität bloßer Materie, in der Erotik und Tod, Ausgang und Eingang der Existenz zusammenfallen.

In der Religion erkennt der Mensch Gott in seiner Fürsorge und Hingabe für den Menschen und beschenkt ihn dafür mit einer symbolischen Gegengabe. Gott fordert das Opfer heraus, weil er verstanden wird und weil dieses Bewußtsein nicht beseitigt werden kann. Die Gegengabe ist für den Menschen insofern bedrohlich, als die eigene Individualität als einziges Geschenk dienen kann. Deshalb begegnet auch der Mensch im Interesse seiner Individualität diesen Offenbarungen mit Hemmung, die sich in der Scham ausdrückt. Hemmung und Scham sind Indizien der Offenbarung des Seins in seiner Transzendentalität, die für Bataille in der Kontinuität des Lebens liegt.

Da das Bewußtsein von der Kontinuität nicht beseitigt, sondern allenfalls verdrängt werden kann, erscheinen die Symbole, entbunden vom Kultus und seiner Periodizität, im alltäglichen Leben und durchsetzen es mit chaotischen und angsterregenden Gefühlen. Die Profanisierung des Sakralen und die Symbolisierung des Profanen prägen den modernen Alltag und bereiten hier schwerwiegende Probleme. In ungetrenntem Nebeneinander kann die Realität des Heiligen nur schwer erkannt werden.

Das Heilige zerstört den produktiven Sinn der Dinge, und umgekehrt verdrängt das Profane die Faszination an der Kontinuität im Dienst des individuellen Überlebens. Die Kontroverse besteht also zwischen *Lebensverausgabung* und der *Selbsterhaltung*. Im Ritus sind diese Seiten in ein Gleichgewicht gebracht, im modernen bürgerlichen Leben sind sie kulturell entpolarisiert und oszillieren im eindimensionalen Alltag. Hier kommt es zu unkontrollierten Entladungen, die dann tatsächlich den Eindruck eines blinden Triebes machen, denen der Mensch nur im Unverständnis begegnet.

Bataille hat mit seiner Beobachtung des chaotischen Ineinandergreifens von heilig und profan im modernen Alltag ein Verständnis für das Phänomen der Perversität entwickelt. Die Triebe werden dabei in der für den Menschen entscheidenden Form des *Bewußtseins* gesehen. Kein menschlicher Trieb ist bloßer Trieb oder reine Animalität, er ist immer der Trieb eines *sich wissenden Wesens*. Reize werden in der inneren Anteilnahme erfahren, nicht durch äußeren Anreiz[147]. In der Intimität sind die Grenzen zu den Dingen aufgehoben. Geht die Intimität verloren, dann kann sie nur im Exzeß wiederhergestellt werden. Der Exzeß ruft also die verlorene Intimität der Dinge zurück, indem er in die innere Erfahrung, also in die Intimität der Dinge, vorstößt. Dieser Vorstoß ist zugleich der Regreß der Materialisation, des Zu-Materie-werden des intim geliebten Dinges. Er gleicht darin der Poesie, die auch zur Dinglichkeit gewordene und damit verlorene Objekte in die Intimität zurückholt[148].

Die Freiheit ist eine Befreiung von den Fesseln der Profanität und wird erst in der Intimität gefunden, die im Durchbruch zum anderen Subjekt liegt. Hier ist Bataille durchaus Ekstatiker. Aber dieser Durchbruch muß im exzessiv-regressiven Augenblick geschehen, wozu, wie schon die „Geschichte des Auges" zeigt, der Augen-blick bis zur Materie verdichtet sein muß. Dieser sadistische Rausch ist selbstzerstörerisch und wird deshalb dem Verbot unterzogen. Deshalb ist die Ekstase auch der „verfluchte Teil" des Lebens.

Die Intimität des Seins, seine Fesselung im profanen Umgang der Arbeit, sein Verfall zum Etwas als etwas, also zu seiner allegorischen Bildform, seine Verdunklung in der Genauigkeit des Objektiven, die Befreiung daraus und die Rückkehr zur Intimität und Innerlichkeit durch die Entfesselung, alles das sind insgesamt prozessuale Vorgänge, die Bataille aber letztlich doch substantiell denkt. Die Bewegung der ekstatischen Vernunft wird in den Moment des exzessiv-regressiven Augenblicks gebannt, der

---

[147]Bataille, 1994, 149: „Wenn ich sehe, wenn ich höre, daß man lacht, partizipiere ich innerlich an der Erfahrung dessen, der lacht. Diese innere Empfindung lacht in mir, indem sie sich mir mitteilt. Was wir in der Partizipation erfahren (in der Kommunikation), ist das, was wir *intimerweise* verspüren: wir erkennen unmittelbar das Lachen des anderen, indem wir lachen, oder seine Erregung, indem wir sie teilen. Das gerade bewirkt, daß das Lachen oder die Erregung keine Dinge sind."

[148]Ebd.: „Wir können im allgemeinen nicht an einem Stein, an einem Brett partizipieren, aber wir partizipieren an der Nacktheit der Frau, die wir umarmen. Der 'Primitive' Lévy-Bruhls konnte zwar an Stein partizipieren, doch war er für ihn auch kein Ding, in seinen Augen lebte der Stein wie er selbst. Zweifellos hatte Lévy-Bruhl unrecht, diese Denkweise auf die primitive Menschheit zu beschränken. Wir brauchen nur in der Poesie die Identität des Steins mit sich selbst zu vergessen und vom Mondstein zu sprechen: schon partizipiert er an meiner Intimität. [...] Wenn aber die Nacktheit und der Exzeß der Lust keine Dinge sind, wenn sie ungreifbar wie der Mondstein sind, so ergeben sich daraus bedeutende Konsequenzen."

mit der Aufgabe, zu entfesseln und zurückzuführen, überfordert ist. Im exzessiv-regressiven Zusammenfall von Erotik und Tod, von Zeugung und Sterben, von Eingang und Ausgang erstarrt die Bewegung und zwingt die zeitlich-räumlich-kausale Transzendenz zur Immanenz der durch sich offenbarten Materie. Die Selbstoffenbarung mit ihrer Analogie von Auge=Ei=Hoden=Augenblick in der „Geschichte des Auges" widerspricht der Transparenz, die er selbst im Überstieg über das Etwas als Etwas fordert.
Batailles Mystik hält die Spannung zwischen Ausgang und Eingang nicht durch. Er überspannt die Transzendenz und wird zum metaphysischen Phantasten. Trotzdem sind ihm wertvolle Einsichten gelungen. Die Verbindung von Mystik und Ökonomie läßt das ursprüngliche Verstehen von Reichtum wieder aufkommen, seine Verwurzelung im Leben selbst. Dem akkumulierenden geht das verausgabende Verstehen voraus. Das ökonomische Handeln ist damit ekstatisch gegründet; es sucht die Transparenz des Anderen im Überstieg über die verzweckte und profane Gegenständlichkeit. Diese Absicht liegt dem Tausch zugrunde. Er hat deshalb eine heilige Wurzel, die er erst in der Verknechtung verliert. Die Verknechtung, der ausschließlich zweckhafte und damit profane Gebrauch von Menschen und Gütern verstümmelt das Sein und treibt es zur Raserei des Exzesses.
Batailles Leistung liegt also wesentlich in der Pathologie des Seins. Seine Angebote der Entfesselung dagegen wirken konstruiert. Hier gibt es für ihn nur die Durchbrechung des Dingcharakters, der aber, pathologisch indifferent zum Sein, bei der Befreiung das Sein auch zerstört. So bleibt als Seinserfahrung nur die vollständige Zerstörung. Am Beispiel Bataille läßt sich also klar erkennen, daß die ekstatische Ausrichung auf die Differenz zwischen dem Dingcharakter, dem Seienden, und der Intimität, dem Sein, angewiesen ist, um nicht in den sado-masochistischen Furor zu geraten. Gerade hierin liegt auch der Anspruch des Verstehens und der Vernunft. Sie ist es ja, die den Verfall zum Ding wahrnimmt, die gegen die Abwendung und das „Zudrehen" revoltiert. Ekstatische Vernunft ist ein Seinsverstehen gegen die statischen und definierenden Festlegungen. In Batailles Pathologie dagegen richtet sich dieses Seinsverständnis selbst zugrunde, es gibt seine zeit-räumliche Ausrichtung auf, um das Sein im Moment der Zerstörung des Seienden zu erfassen.
So verwechselt Bataille die Seinserkenntnis mit der Erfahrung, die im Augenblick der Zerstörung des Dingcharakters aufkommt. Deshalb ist für ihn

auch de Sades „Cent vingt journées de Sodom" eine Seinsenthüllung[149]. In diesem Werk wird, ebenso wie in seiner eigenen Schrift über die „Geschichte des Auges", die Ekstase in den Moment hineingezwungen, was konsequenterweise, weil ja auch Moment und Augenblick noch eine zeitliche und eventuell räumliche Erstreckung haben, auch zur Aufhebung des Momentes und Augenblickes selbst führen muß. Bataille glaubt an die zeit-, raum- und grundlose Ekstase. Materie als Inbegriff einer solchen Verdichtung kann aber nicht ekstatisch sein.

Der verdichtete Moment ist nur einer der möglichen Zugänge zum Sein, nicht das Sein selbst. So ist zwar der Tod Graneros wie jede Todeserfahrung ein transzendierendes Ereignis, die damit verbundene Obszönität bleibt jedoch profan, da sie sich hier ausschließlich dem Augenblick und seiner Materialität „zudreht".

So bleibt ein Widerspruch im Werk Batailles bestehen, der sich aus der Konsequenz eines bloß ästhetischen Lebensverständnisses ergibt. Dabei wird die verlorengegangene Differenz zwischen heilig und profan auf dem Wege einer Zerstörung des Profanen wieder gesucht. Die Zerstörung des pragmatisch-profanen Umganges mit Welt bringt aber nicht das Heilige zurück, sondern vertieft die sachlichen und faktischen Verhärtungen des Lebens. Der Ästhetizismus beruht auf der Illusion, daß der zweckhafte und pragmatische Umgang mit der Welt aufgehoben werden könnte. Hier ist das aus der Ethnologie und Religionswissenschaft angeführte, scheinbare Beweismaterial irreführend. Das gilt für Bataille und generell für das ästhetizistische Lebensverständnis. Das Heilige ist sowenig die bloße Negation des Profanen, wie es durch die Zerstörung desselben hervorgerufen werden kann. Die fundamentale Bedeutung der Ferne für das Sichverstehen, die sich im Heiligen spiegelt, die Ausrichtung der ekstatischen Vernunft auf diese Ferne ist kein zerstörerischer Akt, sondern hat alle Züge der Zuneigung und Hingabe an das Hingerissen- und Mitgerissenwerden zu dieser Ferne und durch diese Ferne. Es ist ein pathischer und kein pathologischer Vorgang.

---

[149]Bataille, 1987, 110f: „Dieses Buch ist wahrlich das einzige, in dem der Geist des Menschen *dem, was ist*, gewachsen ist. Die Sprache der 'cent vingt journées' ist die des gemächlichen Alls, das die Gesamtheit der Wesen, die es hervorbrachte, mit Sicherheit entkräftet, peinigt und zerstört. In der Verwirrung der Sinnlichkeit vollzieht der Mensch einen geistigen Aufschwung, in dem er *dem, was ist, gleich* ist."

Aus der Ekstase wird Exzeß, wenn sich die Vernunft in der Selbstverherrlichung jede Möglichkeit der Hinnahme, der Rezeptivität und damit der Reflexivität nimmt. Die Verbindung mit dem Ursprung ist Grundausrichtung der ekstatischen Vernunft. Eine einseitig exzessive Lebensgestalt wird in eine regressive umschlagen, um sich hier gleichsam unbewußt den Anschluß an den Ursprung zu holen und sich die Form eines Zulaufens auf den Anfang zu geben. Auch hier ist die ekstatische Form des Verstehens gewahrt. Reflexion und Regression erfüllen die Aufgabe der Erinnerung, die, wird sie nicht gewährt, von der Vernunft auf eine pathologisch erlebte Art eingeholt wird. Der Erinnerungszwang findet sich dann in den pathologischen Regressionen und ist, ebenso wie die assoziative Regression in der Therapie, ein Heilungsversuch einer ihren Ursprung und ihre Gestalt suchenden Vernunft.

Bei Bataille wie auch bei Nietzsche hat die Pathologie der exzessiven Vernunft noch den Anschein von Befreiung und Entfesselung. Was hier als Revolte wirkt, ist aber nicht die Entrückung von der eindimensional gewordenen, synthetischen Realität, sondern ein exzessives Eindringen in sie. Der Exzeß befreit deshalb nicht, sondern führt zum puren Entsetzen einer „bloßen Realität", für die später Binswanger den Begriff des „nackten Grauens" finden wird. Zum Verständnis dieses Unterschiedes zwischen heilig und profan ist deshalb ein ethnologisches Vorgehen, wie Bataille dies tut, eher hinderlich. Ist es sehr mühsam, die Bedeutung des Heiligen in der eigenen Kultur zu fassen, so ist dies in fremden Kulturen noch weitaus schwieriger. Schon gar nicht dient das dort Beobachtete als an sich evidenter Beleg. Auch mit seiner hilflosen Exegese christlicher Sakramente[150] gibt Bataille eher eine Probe seines ideologischen Vorgehens. Dennoch macht sein Schrifttum deutlich, daß die Religiosität des Menschen ein Grundanspruch der Vernunft ist, gerade auch dort, wo sie sich atheistisch versteht.

---

[150]Bataille, 1994, 113-124.

2. Scham

Die Differenzierung zwischen unmittelbarer und ekstatischer Erfahrung ist eines der Grundanliegen der medizinischen Anthropologie, soweit sie sich mit pathologischen Fragen der Psychiatrie auseinandersetzt. Ausgehend von Heideggers Thematisierung der Zeitfrage als zeitlicher Ekstase ist gerade der Zeitbegriff zur wichtigsten Kategorie geworden. Da Heidegger das existentielle Apriori der Zeit mit dem des Raumes verband, ist die Zeit als Zeiträumlichkeit und eben als ekstatische Zeit eine Grundgröße des Daseins, vor der sich das Glücken und Mißglücken ereignet. Nun ist die Differenzierung zwischen einer scheinbaren Unmittelbarkeit des Erlebens und der ekstatischen Ausrichung für einen physiologisch geschulten Theoretiker wie Binswanger, Gebsattel oder V.v.Weizsäcker leichter als für bloße Philosophen, da die Unmöglichkeit der Direkterfahrung eine physiologische Grundtatsache ist, die für alle Sinnesvorgänge gilt: Das Auge kann sich selbst nicht wahrnehmen, weil es sonst nichts wahrnähme, desgleichen das Ohr, der Geschmack, der Geruch und der Tastsinn. Die Selbstausblendung ermöglicht jede Fremdwahrnehmung, so daß auch jede unmittelbare Erfahrung das Produkt einer sich zurücknehmenden Vermittlung ist. Dieser absolut verborgene Teil der Wahrnehmung und Erfahrung ermöglicht das Offenbaren in einem komplementären Vollzug: je mehr sich das Selbst in der Wahrnehmung und im Erleben zurücknimmt, um so offenbarer und realistischer wird die Wahrnehmung und das Leben. Umgekehrt ist eine Selbstpräsenz problematisch, solange sie den Sinnesvorgang und Verstehensvorgang an die physiologische Situation bindet. Aufgrund dieses Sich-überhörens, Sich-übersehens und Sich-überfühlens ist schon der Sinnesakt ein transzendierender Vorgang, bei dem das Ich sich in seiner Wahrnehmung und Erfahrung überschreitet. Wahrnehmen und Erfahren ist damit ein Sich-bewegen, und zwar in erster Hinsicht ein Von-sich-weg-zu. Diese exzessive Bewegung von sich weg in der Wahrnehmung muß sich aber als Kreis vollenden, sie muß als Von-sich zu sich zurückkommen, um als Sinnesakt vollständig zu sein.

E. Straus hat mit seinem revolutionären Werk „Vom Sinn der Sinne" als Psychologe und Physiologe die Tätigkeit der Sinne als einen solchen transzendierenden Akt beschrieben. Gegen Pawlows Reflextheorie geschrieben, wird dieses Buch zu einem Grundwerk einer Sinnesphysiologie, die nicht nur den humanen Standpunkt mit einbezieht, sondern jeder Kreatur eine Art existentielle Eigenständigkeit zuerkennt und deshalb im eigentlichen Sinn als ethisch bezeichnet werden kann. Der entscheidende Irrtum Pawlows und aller seiner Nachfolger besteht in der Annahme, daß alles Verhalten zur Welt, von der Wahrnehmung angefangen, als innerorganische Vorgänge erfaßt werden könnte. Der Immanenzgedanke feiert gerade in der Physiologie einen Höhepunkt, weil hier Wahrnehmung und Denken als organische Funktion erklärt werden. Hierbei wird das Bild eines stabilen Mechanismus zugrundegelegt, der alle Wahrnehmungs- und Verstehensvorgänge in sich und durch sich vollzieht. Als innerorganisches Geschehen hat der Organismus keinen Bezug zu einem Außen. Das Außen ist weggefallen und in das innerorganische Innen integriert[151]. Das Geschehen wird hierbei an seinen Reflexen festgemacht und verliert damit den entscheidenden Charakter des Geschehens und Ereignisses. Es wird zum ereignislosen Vorgang, der keine Geschichte entwickeln kann und durch und durch leblos ist.

Entscheidend dabei ist, daß der Sinnesvorgang statisch verstanden wird. Die existentielle Bewegung von-sich-zu geht im innerorganischen Vorgang des Reflexes unter. Dieser Begriff hat den Vorteil, den transzendierenden Sinnesvorgang in einer statischen Bildlichkeit festzuhalten und ihm damit seine eigenen Dynamik und die in der Dynamik vollzogene Erschließung der Welt zu nehmen. Der Sinnesvorgang wird also um sein eigentliches Moment verkürzt.

Straus weist nun auf diesen wichtigsten Punkt des Sinnesvorganges hin: die Überschreitung. Jede Überschreitung setzt eine Grenze voraus, die überschritten werden muß. Der Sinnesvorgang ist ein transzendierender Vorgang[152]. Er ist ekstatisch, indem er die Absolutheit des Jetzt überschreitet auf das Begegnen-können des Jetzt im Nur-jetzt. Die Relativierung ist ausschlaggebend für den Begegnungscharakter des Sinnesvorgan-

---

[151]Straus, 1956, 111: „Der entscheidende Irrtum Pawlows, den er durch die Vermittlung der Naturwissenschaft aus der Cartesianischen Philosophie übernommen hat, ist die Meinung, es könne grundsätzlich das Verhalten zur Welt als Vorgang im Organismus erklärt werden, die Situation als Situs, das Werden als Folge der objektiven Zeit."

[152]Straus, 1956, 187: „Das Sehen reicht über das jetzt, hier, so Gesehene hinaus. Das bekundet sich schon darin, daß wir den einzelnen Eindruck als einzelnen und damit in seiner Begrenztheit auffassen. Jedes 'hier' ist ein 'nur hier', jedes 'jetzt' ein 'nur jetzt'. Grenzen zeigen sich nur bei ihren tatsächlichen oder virtuellen Überschreitungen. Die einzelnen Sichten stellen sich dar als Ausschnitte aus dem Kontinuum der Ich-Welt-Begegnung."

ges. In einem absoluten Jetzt könnte nicht wahrgenommen werden. Gerade in der ekstatischen Erstreckung über das Jetzt und das Hier hinaus kann es als Nur-jetzt und Nur-hier erscheinen.

Indem Wahrnehmung eine Begegnung ist, bekommt sie einen völlig anderen Charakter. Sie wird zum dialogischen Phänomen und muß dialogisch-begegnungshaft verstanden werden. Was im statisch-monotonen Reflex überhaupt nicht erscheint, sind die pathischen Momente einer solchen Begegnung. Der Sinnesvorgang ist nicht monoton-mechanischer Reflex, sondern bewegte Bewegung, also Emotion. Die sinnliche Ausrichtung auf das andere und den Anderen ist ein bewegtes Von-sich-zu. Hier reicht es nicht aus, von einem Motiv oder gar von einem Trieb zu reden[153]. Was diesen Begriffen genauso wie dem Bild vom Reflex fehlt, ist die raum-, zeit- und ursächliche Ausrichung über das bloße Jetzt, Hier und So hinaus, also auch die bewegte Bewegung. Der Bezugspunkt der ekstatischen Ausrichtung ist nie das Hier, sondern das Dort der Ferne. Die Fernausrichung im Sinnesvorgang ist nicht mit der Nah- und Nächstausrichung von Motiven, Reflexen und Trieben zu erfassen.

Die Fernerfahrung der Sinnlichkeit ist nach Straus der ausschlaggebende Faktor. Dabei wird ein Verhältnis vom Hier zum Dort ausgerichtet[154]. Diese Ausrichtung ist von der Schwellen- und Grenzerfahrung bestimmt. Sie unterscheidet die direkte Verbindung und Verbindlichkeit jeglicher Nähe, die geometrisch weit weg sein kann, von der Ferne, die sehr nahe sein kann. Benjamins Definition der Aura[155] muß danach auf den Sinnenvorgang überhaupt erweitert werden[156]. Der Überstieg über die Grenze geht immer in den Bereich des Nicht-jetzt und Nicht-hier, um das Jetzt und Hier als Nur-jetzt und Nur-hier auszurichten. Die Grenzerfahrung der Sinne ist das Übersteigen der Jetzt-, Hier- und So-Nähe[157]. Erst dadurch werden Raum und Zeit für Straus ausgerichtet.

---

[153] Auf den uneinheitlichen Gebrauch des Triebbegriffs weist schon der Herausgeber der Studienausgabe hin. Danach gibt es bei ihm keine Differenzierung zwischen dem Trieb und seiner 'psychischen Repräsentanz'. Vgl. Freud, 3/76ff.

[154] Straus, 1956, 174: „Die Ferne ist keine attributive Bestimmung einzelner Orte im Raum. Sie ist ein umfassendes, ein universales und doch personales Verhältnis. Das ferne Dort ist bezogen auf mein Hier."

[155] Benjamin, 1963.

[156] Straus, 1956, 405: *„Die Ferne ist die raumzeitliche Form des Empfindens."*

[157] Straus, 1956, 407: „Die Grenze denken kann nur derjenige, der über sie hinaus denkt, die Grenze erlebt nur derjenige, der dynámei über sie hinaus gerichtet ist. Werden die zu

Ferne ist also die Grundvoraussetzung für die Aurichtung des Raumes und findet nicht innerhalb des schon ausgerichteten Raumes statt. Sie ist damit auch die Voraussetzung für die Sinnlichkeit[158]. Diese Grundvoraussetzung wird auch nicht in der sinnlichen Annäherung und im Erfassen aufgehoben und ausgelöscht. So ist die Berührung zwar eine geometrische Annäherung, sie ist aber von der Ekstatik der Sinnlichkeit her eine transzendentale Annäherung, die ohne Abschluß bleibt, wenn sie nicht im Dienst der Erkenntnis, des Ergreifens und Begriffs steht[159]. Die Ferne kann nur unendlich angenähert, aber nie erreicht werden. Alle scheinbar erreichten Ziele sind vorläufig und erfüllen einen pragmatischen Zweck im Dienst des Lebens, das dabei selbst unendlich fern bleibt.

Mit dieser Ekstase der Annäherung gibt Straus ein zweites Kriterium für die Bedeutung der Sinnlichkeit. Sinnlichkeit ist nicht nur das Ausgreifen und Übersteigen der Immanenz, sie ist in diesem Übersteigen auch unendliche Annäherung. Hierin bestimmt sich ihr grundsätzlich ekstatischer Zug, der im konkreten Erfassen und Bestimmen bei den Nahzielen verbleibt. Dieses Verbleiben täuscht dann darüber hinweg, daß Wahrnehmen eine ausgehend-rückkehrende Bewegung ist.

Ein weiteres Kriterium der Wahrnehmung besteht darin, daß sie nicht nur selbst bewegt ist, sondern daß sie auch nur Bewegtes erfaßt. Als bewegt-bewegende Sinnlichkeit nimmt sie nichts Fertiges auf, sondern erfaßt einen Ausdruck. Die ausgerichtete Wahrnehmung erfaßt nur Sinnhaftausgedrücktes[160].

---

jeder Sinnes-Sphäre gehörenden Leerformen berücksichtigt, dann wird es rasch deutlich, daß die Ferne die übergreifende raumzeitliche Form des Empfindens ist, d.h. daß mit allen Sinnen Nähe und Ferne, das Hier und das Dort erfaßt werden."
[158]Straus, 1956, 408: „Die Ferne ist ein Urphänomen. Ferne wird nicht empfunden; das Empfinden entfaltet sich in die Ferne. Es gibt keine Ferne ohne ein sinnlich empfindendes und bewegliches Subjekt, es gibt keine Sinnlichkeit ohne Ferne."
[159]Straus, 1956, 407f: „Der Gegensatz von Nähe und Ferne wird auch in der Berührung nicht aufgehoben. [...] Im erkennenden Betasten können wir zu einem Ergebnis, einem Ziel und Ende der Berührung gelangen. In all den Fällen aber, in denen die Berührung in der ursprünglichen Kommunikation des Empfindens der Sehnsucht nach Nähe und Vereinigung Ausdruck gibt, ist vor dem Erlöschen der Begierde kein Ende des Berührens und Greifens. Die Ferne wird nicht aufgehoben, darum ist die Liebkosung eine grenzenlose Bewegung der Annäherung."
[160]Straus, 1956, 206f: „Im Ausdrucks-Erfassen sind wir bereits in Kommunikation. Als einen Sich-richtenden 'verstehen' wir auf dieser Stufe den Anderen von unserem eigenen Platze und von unserer eigenen Richtung aus. Wir erfassen nicht den Anderen uns objektiv gegenüber und denken ihn in einem analogen Gegenüber zur Welt, sondern wir

Das Fertige, Abgeschlossene und Objektive ist kein Bestandteil der ursprünglichen Kommunikation, sondern das Produkt der Veröffentlichung und Profanisierung. Straus macht dies an dem Phänomen der Scham deutlich[161]. Die Scham ist Hüterin des Intimen vor dem Einblick der objektivierenden Öffentlichkeit. Der Blick der Öffentlichkeit ist aber vouyeuristisch, das Beobachten distanziert und vergegenständlicht[162]. Hier ist jede Ferne getilgt und die Sinnlichkeit auf ausschließliche Nähe gebracht. Konsequenterweise sieht Straus in dieser voyeuristischen Sinnlichkeit keine Erotik[163]. Die Erotik ist die sinnliche Fernkraft, die durch die Scham vor der Zudringlichkeit des Objektivierens geschützt wird. Insofern schützt die Scham nicht nur das Intime vor dem Öffentlichen, sie schützt auch das Ekstatische vor dem Statischen, das Werden vor dem Gewordenen. Hier wird etwas von der Notwendigkeit des Geheimnisses deutlich, das die Erkenntnis und Selbsterkenntnis braucht. Die profane Öffentlichkeit zerstört den intimen Dialog, in dem das Sein sich ekstatisch aussprechen kann. Die Objektivität trägt den Grundmakel, daß mit ihrer Enthüllung das Moment der Selbsterkenntnis verlorengeht.

Mit dem Verlust des Heiligen kann diese Intimität nur in der Privatsphäre gesucht werden. Soweit hier aber ein Individualismus gepflegt wird, kann die Scham nicht mehr Hüterin des Intimen sein. Die Scham kann nicht den Einzelnen vor der Menge schützen, sondern grenzt den Einzelnen noch aus. Die Scham behütet das Wir vor dem Ich, nicht das Ich vor dem Wir. Sie behütet die Symbiose vor dem Du-losen Einzelnen. Das Du-lose Ich hat nur Objekte um sich, die es in seinen voyeuristischen Nahraum gezo-

---

'verstehen' uns miteinander in der Welt. Die Welt erfassen wir ursprünglich nicht in ihrem Bestand, sondern in ihrer Aktualität. Wir richten uns in der sinnlichen Kommunikation auf die Welt, und sie richtet sich gegen uns."
[161]Straus, 1960.
[162]Straus, 1960, 181: „Im Beobachten findet ein Übergang von der unmittelbaren Ich-Du-Begegnung, von dem wechselseitigen Erfassen zu einer einseitigen Intention statt, ein Übergang von der Ich-Du-Beziehung zu der Subjekt-Objekt-Beziehung im eigentlichen Sinn. Jedes Beobachten und jedes Beobachtetwerden ist ein Herausfallen aus der ursprünglichen Kommunikation. [...] Der Voyeur nimmt also nicht an der Realität ursprünglich teil, sondern er hat sie nur durch Objektivation, d.h. als reflektiertes Wissen. Er macht den anderen zum Objekt an sich und für sich. Die Objektivierung erlaubt ein beliebiges Wiederholen in der Phantasie."
[163]Straus, 1960, 184: „Die Scham, welche das unmittelbare Erleben vor dem Gewordenen behütet, schränkt also nicht die Erotik ein, wie die Psychoanalyse annimmt, sie macht sie allererst möglich."

gen hat. Die Scham als Hüterin der Ferne kann deshalb keine Privatheiligtümer schützen. Indem sie das Wir vor dem Ich schützt, stößt sie das Ich aus und vertieft die Einsamkeit.
Hier kann man das Ineinandergreifen von Scham und Verzweiflung sehen, wie Kierkegaard sie verstanden hat. Die Verzweiflung sucht das Du, sie sucht und verwirft es im Ich und als Ich, sie sucht das Ich als Du zu ergreifen. Auch die Scham verwirft das Du-ergreifende Ich und entlarvt es als pervers. Das Intime braucht, und hier zeigt sich das Scheitern von Batailles Theorie, das Gegenüber des Du. Die Zerstörung des Du verzerrrt die Ekstase zum Exzeß. Ekstase ist aber nicht exzessiv, sondern exzessivregressiv. Dieses Hin- und zurück braucht nicht nur ein Du, um kleinste Zelle des Heiligen zu sein, sie braucht auch den Schutz vor der Objektivation, die sich schon im bloßen Beobachtetsein ergibt. Das Heilige muß vor dem Profanen geschützt werden, der Grund dafür ist etwas klarer geworden. Die Intimität muß vor dem Zugriff geschützt werden, weil sich in diesem Zugriff die nackte Egoität des Zugreifenden zeigt. Die Beobachtung zerstört und läßt erstarren, sie ist nicht ekstatisch, sondern identifizierend, wobei sich das Ich in seiner ganzen Leere und Häßlichkeit offenbart.
Diesen letzten Aspekt, den Grund für die Erstarrung des Angeblickten und Beobachteten, hat Straus nicht bedacht. Ähnlich wie Sartre[164] begründet er die Erstarrung mit dem Medusencharakter des Blickes. Nicht der Blick, sondern das auf sich bezogene, kommunikationslose Ich zerstört die ekstatische Beziehung und zwingt das Wir zur Heimlichkeit. Das auf sich bezogene Ich zerstört verzweifelnd sich und sein Objekt in einem Exzeß, der nicht mehr Ekstase ist. Das Ich schafft nicht nur das Objekt, es muß es auch zerstören, weil es mit dem Objekt nicht kommunizieren kann. Deshalb ist das auf sich bezogene Ich grauenvoll. Es objektiviert und muß diese Objekte im Exzeß beseitigen, da sie nichts zurückgeben. Das bloße Ich zeigt sich als nacktes Grauen.
Die Angst wird nicht durch die Ekstase bewirkt, wie Heidegger behauptet, sondern durch den ekstaselosen Bezug des Subjekts zum Objekt. Die reine Selbstbezogenheit, die das Gegenüber stumm und zum Objekt macht, wird von der Scham abgewehrt, die damit nicht nur ein Schutz vor dem Öffentlichen ist, sondern zuerst ein Schutz vor dem Zugriff einer verzweifelnden Vernunft. Die Zudringlichkeit ist zugleich Verzweiflung und Zerstörung.

---

[164] Sartre, 1943.

Die Vernunft als ekstatische Vernunft kann nicht auf sich selbst zurückgebogen werden, ohne daß sie in diesen Exzeß ausartet. Die Scham aber behütet den ekstatischen Tausch zwischen dem Ich und der Du-haften Form des Anderen, der Welt und Gott.

Die Problematik der Selbstpräsenz ist eine psychiatrische. Wie Straus zeigen kann, ergibt sich daraus nicht nur ein persönliches Problem, die Einschränkung der Fremdwahrnehmung überhaupt, es ist auch ein kommunikatives Problem, da der gesamte Bezug nach außen grundsätzlich verändert ist. Aus dem kommunikativen Austausch wird das Begreifen und Besitzen mit einem einseitigen Bezug des Subjekts auf das Objekt. Soweit das Objekt selbst ein Subjekt ist, kann es sich durch die Scham davor bewahren, Begriff und Besitz zu werden. Sie hütet damit den freien Austausch von Hingabe und Hinnahme, der nur in der intimen Atmosphäre gleichgestellter Subjekte möglich ist. Im Bezug zu Sachen und Objekten ist diese Gleichstellung nicht gegeben und wird in der „Ehrfurcht vor dem Leben" symbolisch erreicht. Dabei wird der Umgang mit der Natur zum Nehmen und Geben, ein Vollzug, wie er sich nur im Opfer zeigt.

Deshalb sind Symbole nicht, wie Cassirer meint[165], allgemeine abstrakte Zeichen, die vom mythischen zum mathematischen Gebrauch in ihrer Abstraktheit zunehmen, sie sind Zeichen des Austausches mit der Natur und daher ausschließlich symbiotisch. Ihr Ich-Du-Charakter wehrt jede einseitige Zudringlichkeit ab und tabuisiert sie. Symbolisches Verstehen ist davon ausgehend immer noch ein dialogisches Verstehen und kann nicht mit der einseitigen geistigen Selbstbereicherung des Begriffs verwechselt werden.

Auch im geistigen Bereich spielt die Hinnahme und Verausgabung die entscheidende Rolle im Verstehen. Hieraus ist, wie oben gezeigt, die ekstatische Verfassung der Vernunft abgeleitet. Dieser im praktischen Umgang leicht ersichtliche und nachweisbare Vollzug ist im geistigen Umgang sehr schwer aufzuspüren, weil der Dialog vor der Versteinerung des einseitigen Blickes, wie er dem Subjekt gleichsam automatisch unterläuft, bewahrt werden muß. Das Subjekt muß sich mit der Problematik seiner Selbstpräsenz auseinandersetzen, die einen inneren Dialog dieser Art nicht zuläßt. Das Problem von Straus' behütender Scham setzt sich also im Inneren des Subjekts fort.

---

[165]Cassirer, 1988-90.

Wie im äußeren Umgang kommt es hier zu einem Subjekt-Objekt-Bezug und damit zu einer inneren Spaltung zwischen Ich und Mich, es kommt auch zu dem Phänomen des zudringlichen Blickes, der inneren, quasi objektiven Versteinerung und, als Gegenbewegung dazu, des Sichverbergens hinter einer behütenden Scham. Das Verstummen des inneren Dialogs und sein Ersatz durch die Introspektion zeigt den gleichen Voyeurismus einer inneren Annäherung und Besitznahme. Sie hat innere Abwehrprozesse zur Folge mit neurotischer und psychotischer Qualität, weil ein friedlicher Austausch vom selbstherrlichen, introspektiven Ich nicht zugelassen ist.

Freuds Begriff der „Ersatzhandlung" ist in diesem Zusammenhang von Bedeutung. Alle Symptome sind unbewußte Korrekturen eines traumatischen Erlebnisses. Dabei bleibt die Analogie zwischen der zwanghaften Ersatzhandlung und dem Trauma notwendigerweise verborgen, die Unbewußtheit gehört zum „Erfolg" der Zwangshandlung dazu. Sie ist Ausdruck der inneren Scham und Diskretion, wobei eine verletzte Intimität sich zwanghaft wieder herzustellen sucht[166]. Die verdeckte Form der Zwangshandlung stellt die Suche nach einer diskreten Lösung dar, da das Problem gerade in der scheinbaren Öffentlichkeit und Bekanntheit eines, wie bei Freud, sexuellen Versagens liegt. Der Spaltungsvorgang ist von Freud von Seiten des bewußten Ichs angegangen mit der Absicht, die unbewußten Zusammenhänge zwischen traumatischem Erleben und Zwangshandlung aufzudecken. Allerdings hat auch er schon auf das verschiedene Wissen von Therapeut und Patient hingewiesen[167] und dabei indirekt deutlich gemacht, daß die Scham eine gewisse Schutzfunktion hat. Das Wissen des Arztes muß vom Patienten erarbeitet werden, wozu die Therapie notwendig ist, es kann nicht direkt übernommen werden.

Über Freud hinausgehend läßt sich damit sagen, daß die Ersatzhandlungen keine inhaltliche, sondern eine prinzipielle Abwehr gegen die Zudringlichkeit der Welt oder das eigene Ich selbst darstellen. Die Intimität schützt sich dabei vor jeder Beobachtung und Selbstbeobachtung. Da sie dialogisch ist, ist sie bereits durch die Selbstherrlichkeit des Ich bedroht. Das

---

[166] Freud, 1/276-282.
[167] Freud, 1/280: „Das Wissen des Arztes ist nicht dasselbe wie das des Kranken und kann nicht dieselben Wirkungen äußern. Wenn der Arzt sein Wissen durch Mitteilung auf den Kranken überträgt, so hat dies keinen Erfolg."

beobachtende Ich dringt in die eigene Innerlichkeit vor und bewirkt damit die Spaltung zwischen Ich und Mich.
Dieser Schutz des Ich vor seiner eigenen Profanität ist bei Freud nicht zur Sprache gekommen; im Gegenteil setzt seine Therapie auf eine zwar behutsame, aber letztlich radikale Enthüllung. Inwieweit dies problematisch ist, kann und soll hier nicht erörtert werden. Wesentlich ist seine Deutung der Zwangshandlung als Versuch einer nachträglichen Korrektur in Form analoger Ersatzhandlungen, wobei die Paradoxie des verdeckten Sinnes dieser Handlung für Freud bloß neurotisch, im vorliegenden Zusammenhang aber wesentlich ist. Sie schützt die Intimität und kann hierbei auch therapeutisch, z.B. durch „Dereflexion"[168] unterstützt werden. Die vollständige Offenlegung ist, soweit sie überhaupt möglich ist, sicherlich kontraindiziert, da Beobachtung und Selbstbeobachtung grundsätzlich eine spaltende Wirkung haben. Die Scham kann nicht durchbrochen werden, sie ist, als Schutz der Intimität, das ekstatische Moment der Vernunft gegen die identifizierende, feststellende und damit profanisierende Zudringlichkeit ihrer eigenen Beobachtungsgabe.
Die positive Bedeutung der Schutzfunktion wirkt sich auf die Einschätzung der Erkrankung und letztlich auf Krankheit überhaupt aus. Sie wird nicht als Dysfunktion gesehen, als Schaden am Mechanismus von Leib und Seele, sie bekommt einen Sinn und eine Rolle in einer grundsätzlich dialogisch ausgerichteten, aber nicht gelebten menschlichen Existenz. Das Verstummen des inneren und äußeren Dialogs, sein Ersatz durch die stummen Blicke eines voyeuristischen Selbst und seiner Wissenschaft, wird in der Krankheit kompensiert und gibt ihr die Bedeutung einer Suche nach ekstatischer Ausrichtung. Hier läßt sich der Sinn der Krankheit festmachen. Die Krankheit bekommt damit etwas Ambivalentes. Einerseits ist sie destruktiv, andererseits soll aber in der Zerstörung etwas bewahrt, ja geschaffen werden. Diese Paradoxie der Krankheit greift V.v.Weizsäcker auf und geht in der Therapie genau darauf ein. Deshalb ist der Grund-Satz seiner Therapie: „Ja, aber nicht so"[169].

---

[168]Frankl, 1987, 172ff.
[169]Weizsäcker, 9/318f u. passim.

3. Pathos

Weizsäckers Ansatz geht auf seine Konzeption des Gestaltkreises zurück, der Einheit von Wahrnehmen und Bewegung. Ist diese Einheit zunächst physiologisch auf die Sinneswahrnehmung beschränkt, so hat sie von Beginn an auch die die Bedeutung einer allgemeinen Bewegung des Lebensgeschehens. Dieses Geschehen steht in einem reflexiven Verhältnis zu sich selbst, das Weizsäcker das „Grundverhältnis" nennt[170]. Im Grundverhältnis finden sich die Lebewesen auf einem Grund bezogen, der nicht selbst Gegenstand der Erkenntnis werden kann[171]. Das Grundverhältnis bestimmt aber nicht nur die Erkenntnis selbst, es bestimmt auch den wissenschaftlichen und gesellschaftlichen Umgang. Die Wissenschaft vom Lebendigen unterscheidet sich hierin wesentlich, daß sie nicht den Grund erforscht, sondern sich im „Grundverhältnis bewegt"[172]. Weizsäcker formuliert hier das für den Schutz des menschlichen Selbstwissens gefundene Prinzip der Scham in einer weitergehenden Bedeutung. Da wir uns als Lebende am Leben, das wir erkennen, beteiligen, stehen wir im Grundverhältnis, das einen Zugriff des Grundes ausschließt[173]. Die Scham, so kann hier ausgeführt werden, ist Ausdruck des Grundverhältnisses, indem der Grund ekstatischer Bezugspunkt bleibt, ohne erfaßt zu werden.

Diese Abhängigkeit von einem nicht gegenständlich erkennbaren Grund ist pathisch, also in gewisser Hinsicht erlitten, aber nicht als Schmerz, sondern als bewegtes Hingezogensein, also Emotion. Diese Bewegtheit drückt sich in den pathischen Kategorien aus, dem Wollen, Können, Dürfen, Sollen, Müssen, die die Bewegung des Grundverhältnisses als Unruhe kennzeichnen. Diese Unruhe will Weizsäcker unterscheiden von der mechanischen Bewegung, die nicht pathisch, sondern aktiv oder passiv ist. Beim aktiven oder passiven Verhältnis wird der Bezug zwischen zwei Punkten

---

[170]Weizsäcker, 7/53 Pathisch wird hier definiert im Sinne der „schlechthinnigen Abhängigkeit" bei Schleiermacher.

[171]Weizsäcker, 7/47.

[172]Weizsäcker, 7/48.

[173]Weizsäcker, 1943, 167: „Biologie erfährt, daß das Lebende sich in einer *Bestimmung befindet, deren Grund selbst nicht Gegenstand werden kann.* Wir werden dies als '*Grundverhältnis*' in der Biologie bezeichnen. Das in ihr herrschende Grundverhältnis ist also eigentlich das Verhalten zu einem unobjektivierbaren Grund, und nicht, wie bei Kausalität, ein Verhältnis zwischen erkennbaren Dingen, so etwa *zwischen* Ursache und Wirkung."

oder Teilnehmern bestimmt. Dies ist im pathischen Bezug des Grundverhältnisses nicht der Fall. Hier ist nicht das immanente Zwischen thematisiert, sondern der transzendierende Grund. Aus dieser Unterscheidung wird deutlich, daß die mechanische Bewegung zwischen Ursache und Wirkung eine statische Bewegung ist, die von der Selbstbewegung lebendiger Wesen grundsätzlich verschieden ist. Die mechanische Bewegung ist ein immanenter, intransitiver Vorgang von der Ursache zur Wirkung, die lebendige Bewegung ist pathischer Bezug, also ein transitiver Ausgang aus dem Grund, der anschaubar ist[174]. Sie ist eigentlich pathische Unruhe, da aufgrund dieses Verhältnisses ein Lebewesen nicht in sich ruht, sondern bewegt-bewegendes Wesen ist[175].

Das bewegende, nicht festgestellte Grundverhältnis bildet einen Kreis, den Gestaltkreis, der einen ekstatischen Selbstbezug darstellt[176]. In diesem ekstatischen Bezug muß notwendig der Grund verborgen bleiben, nur so bleibt das Lebewesen bewegt und lebendig. Ein festgestellter Grund würde das pathische Verhältnis beenden. Es muß Raum, Zeit und Grund durchlaufen, sein Wissen ist ein bewegtes-bewegendes, bei dem es immer wieder Grenzen überschreitet[177]. Für die Zeit ist dieses Durchschreiten offensichtlich, für den Raum stellt seine für Messungen notwendige Homogenität ein Problem dar, ihn von der Grenze und Schwelle her zu verstehen. Der Grund wird im rationalen Verständnis immer als offenbarer verstanden, ein Grund, der verborgen bleiben muß, ist unsinnig.

Für Weizsäcker ist also die Verborgenheit nicht vollständig. Hier wird nur das Verhältnis des Grundes zum Begründeten neu verstanden und definiert. Dieses Verhältnis ist kein ontisches, sondern ein pathisches. Der Unterschied besteht darin, daß der Bezug zum Grund nicht im Sinne des Ist, sondern im Sinne des Soll, Kann, Darf usw. festgestellt wird. Nicht A=Ursache von B, sondern A will B, B will A usw. Daraus folgt, daß der

---

[174]Weizsäcker, 1943, 167: „Leben scheint, wo etwas *sich* bewegt, also durch angeschaute Subjektivität."
[175]Weizsäcker, 7/52f.
[176]Weizsäcker, 7/54: „Unter Gestaltkreis verstehe ich eine wesentliche Struktur des pathisch begriffenen lebendigen Aktes. Es wird mit diesem anschaulichen Begriffe zum Ausdruck gebracht, daß das Lebendige, indem es sich verändert, doch auch zu sich selbst zurückkehrt."
[177]Weizsäcker, 7/55.

Bezug zum Grund ein personaler ist[178]. Der Bezug zum Grund ist eine Begegnung. Der Du-Grund ist Ausgang und Eingang des pathischen Bezugs. Die Analogie dieses zyklischen Denkens zur plotinischen Mystik ist deutlich[179]. Sie wird noch bestätigt durch die Feststellung, daß der Gestaltkreis nicht nur eine Transzendenz des biologischen Aktes und damit der Erkenntnis ist, sondern auch des Umganges[180]. Jeder Erkenntnisakt ist auch eine Begegnung und jede Begegnung ist eine Erkenntnis. Erkennen ist damit nicht der einseitige Beobachtungsakt, den Straus schon als voyeuristisch-festellend und damit spaltend bezeichnet hat. Erkennen ist auch für Weizsäcker ein dialogischer Vorgang, der die Intimität der Begegnung hat, wenn er wirkliches Erkennen ist.

Mit diesem Zusammenschluß von Erkennen und Begegnen bekommt die Erkenntnis nicht nur eine ethische Grundlage, sie wird auch in das Lebensgeschehen integriert. Erkenntnis erfaßt sich hierbei selbst als Teil des Lebens, sie hat ein Mitwissen vom eigenen Status, Wissen eines Lebewesens zu sein. Der biologische Akt steht im ekstatischen Grundverhältnis, die Vernunft kann dieses Verhältnis aufgreifen und in der „Gestalt aller Gestalten" die Lebensformel erblicken. Dagegen zerstört der Versuch der Vereinnahmung des Grundes die eigene Grundlage. In der Vereinnahmung findet keine „Selbstbegegnung" der Vernunft statt, sondern Selbstzerstörung. Hier wird die Begegnung, die in jeder Wahrnehmung stattfindet, zur Konfrontation und Überwindung des Du im Objekt[181].

Die Zerstörung der Begegnung vollzieht sich also in der Umwendung des transzendierenden pathischen Bezugs zu einem aktiv-passiven Zwischen.

---

[178]Weizsäcker, 7/49.
[179]Weizsäcker, 1943, 169: „Die Folge der Gestalten ordnet sich zuletzt also doch, aber nicht in die Ordnung des zeitlichen Nacheinander, sondern in die Folge der Taten und Erkenntnisse, der Lebensstufen und Geschlechterfolgen als Wiederkunft. Ist so die Lebensordnung nicht der Geraden, sondern dem Kreise vergleichbar, so doch nicht der Linie des Kreises, sondern seiner Rückkehr in sich selbst. Die Gestalten folgen einander; aber die Gestalt aller Gestalten ist nicht ihre Konsequenz, sondern ihre Selbstbegegnung in ewiger Heimkehr zum Ursprung."
[180]Weizsäcker, 7/84: „Die sogenannte Transzendenz des Erkennens und das Sichüberschreiten des Lebewesens in der Begegnung stimmen überein, stehen in Analogie."
[181]Weizsäcker, 1943, 105: „Es genügt zu wissen: in jeder Wahrnehmung begegnet ein Ich seinem Gegenstand. Würde man statt dessen sagen 'das Ich dem Gegenstand', so wäre bereits die Unabhängigkeit einer abstrahierenden Subjektivität und einer objektiven Welt voneinander als denkmöglich oder sogar wirklich vorausgesetzt - eben diese Berechtigung ist aber unberechtigt."

Diese Umwendung geht durch alle Formen der Begegnung hindurch, der Begegnung mit Welt, mit dem Anderen und mit Gott. Die Konsequenz dieser Umdeutung läßt das Pathische zum Pathologischen auswachsen. Diese Pathologie entsteht aus den Konsequenzen der Logik als systematisierte Form des Zwischen. Während das pathische Verhältnis antilogisch ist, ist das kausale Verhältnis logisch, wobei die Bedeutung des Logischen von der bloßen Gewohnheit, wie bei Hume, über die Apriorität Kants zur idealistischen und materialistischen Prädeterminiertheit reicht. In diesen Fällen wird das Pathische zerstört und durch die Statik des Zwischen ersetzt.

Die stärkste Form dieser Statik hat der Satz vom Widerspruch[182]. Doch auch die anderen logischen Formalismen gehen auf das Prinzip einer Einheit zurück. Dabei wird der antilogische Begegnungscharakter durch den logischen Vergleich mithilfe des Zwischen ersetzt, ja zerstört. So wird in der Kausalität die pathische Beziehung zum Grund durch das ontische Verhältnis einer Wirkung zur Ursache ersetzt, wobei der notwendigerweise verborgene Grund zur offensichtlichen Sache verwandelt und damit zerstört wird[183].

Damit geht aber gerade für die Diagnostik der entscheidende Faktor verloren, den Sinn einer Krankheit zu erkennen. Im pathischen Grundverhältnis kann dieser nicht nicht in der vorhergehenden Tatsache gesehen werden, sondern in dem, „was nicht Tatsache wurde"[184]. Hier wird die Bedeutung des schöpferischen Kausalbegriffes im pathischen Verhältnis deutlich. Dies gilt auch und besonders für die Diagnose. Der maßgebliche Grund, der zur Krankheit führt, ist nicht aus dem ableitbar, was wirklich gewesen ist und stattgefunden hat, sondern aus dem, was nicht verwirklicht wurde. Weizsäcker hat hierfür eine eigene Form der Implikation, die pathische Implikation, wie man sie nennen könnte, gefunden. Sein „Wenn nicht - dann"[185] erfaßt das Symptom als eine Ersatzleistung für das, was nicht verwirklicht wurde. Dabei gibt es eine „Ähnlichkeit zwischen dem, was

---

[182]Weizsäcker, 1956, 210: „Die Formel 'A aut B aut non-B' scheint wirklich jeden möglichen Fall zu treffen. Und doch ist das nicht so. Zum Beispiel können zwei Freunde gut übereinstimmen, und doch kann ein Dritter den einen bejahen und den anderen verneinen. Oder: A kann den B verfolgen, B den C und C wieder den A gerne haben. Oder: wenn A=B und B=C ist, dann braucht A nicht =C zu sein. Solche antilogischen Verhältnisse sind logisch nicht zu denken."
[183]Weizsäcker, 1956, 180f.
[184]Weizsäcker, 1956, 250.
[185]Weizsäcker, 7/357.

ersetzt und dem, was ersetzt wird"[186]. Das kranke Geschehen wird als Ersatz des gesunden verstanden, das nicht verwirklicht wurde. Es ist insofern Symbol eines „nicht daseienden Vorgangs"[187]. Dies ist nur verständlich aus der Urtatsache des Lebensgeschehens, daß nicht das Mögliche verwirklicht wird (aus A folgt B; Ursache-Wirkung), sondern das Unmögliche. Weizsäcker formuliert in diesem Bezug auf das Nicht-seiende und Unmögliche den utopischen Bezug des Individuums. Seine am Verstehen ausgerichtete Lebensgeschichte, seine biographische Verwurzelung allen Geschehens wird hier nicht im Sinne eines Determinismus verstanden, sondern als ununterbrochener Dialog mit den eigenen Wünschen und Träumen. Deshalb ist jeder Moment eine eigene Schöpfung, etwas grundsätzlich Neues. In der inneren Auseinandersetzung mit der Geschichte und dem, was darin nicht geschehen ist, bildet sich Wirklichkeit, wird der lebendige Augenblick geschaffen.

Wird aber dieser pathische Bezug durch ständigen Ersatz zerstört, dann wird er pathologisch: die Schöpfung kommt als „ungelebtes Leben"[188] des Individuums hervor. Scheinbar Vergangenes zeigt sich darin als unvergangen und konfliktgeladen. Deshalb ist auch kein prinzipieller Unterschied zwischen gesund und krank für Weizsäcker ersichtlich. Ausschlaggebend ist der individuelle Umgang mit dem verborgenen Grund, also der pathische Bezug. Er kann nicht grundsätzlich zerstört, sondern nur verschoben werden, wie etwa das Ausleben einer erotischen Kränkung in der Angina[189]. Krankheit wird hier zum schöpferischen Gegenschlag gegen die Versachlichung der pathischen Bezüge des Menschen zu sich selbst und zum Anderen.

Grundverhältnis, pathischer Bezug zum Grund, personale Bedeutung des Grundes, Unruhe der Begegnung mit dem Grund sind Erscheinungen des Gestaltkreises, die alle die Bewegung eines Von-sich-weg zu-sich-zurück des Selbstverstehens zeigen.

Raum, Zeit und Grund sind als pathische Bezüge keine Kategorien des Zwischen, also Bestimmungen des Zwischenraumes, der Zeiterstreckung und der Kausalität, sondern zunächst pathische Bezüge zu einem Jenseits oder Über. Erst durch einen Akt der Zerstörung verlieren diese pathischen

---

[186]Weizsäcker, 7/357.
[187]Weizsäcker, 7/358.
[188]Weizsäcker, 1956, 249.
[189]Weizsäcker, ebd. vgl. 6/216-238.

Bezüge ihren transzendierenden Charakter und werden zu Bestimmungen immanenter Verhältnisse. Die Bestimmbarkeit von Raum, Zeit und Grund geht auf Kosten des pathischen Bezugs, ohne ihn aber vollständig zu ersetzen. So kommt es zu einem Konflikt zwischen dem pathischen und ontischen Bezug der Vernunft, der für Weizsäcker unter Umständen durch eine Erkrankung ausgetragen wird. Dabei sucht sich der pathische Bezug gegen den ontischen zu behaupten. Das Wollen, Können, Sollen, Müssen und Dürfen widersetzt sich dem Sein, das als Präsenz die Übermacht hat. Krankheit als transzendierender Bezug ist ein wesentlicher Schlüssel für die Erkenntnis und Diagnose konkreter Erkrankungen, es wirft aber auch Licht auf die Bedeutung des Gesunden und Heilen. In einer analog zum Kranken weitgefaßten Formel bedeutet es die Fähigkeit und Möglichkeit des „Unmöglichen", also der Transzendenz, des Steigerns und Übersteigens jeglicher präsentischer Gewißheit. Philosophisch ist diese Formel ein Abschied von der Grundbedeutung des Wissens als bloßem Identitätsglauben und die Erweiterung zum ekstatischen Wissen. Hier spielen Erwartung, Zuversicht, Vertrauen als zukunftsgerichtete pathische Bezüge genauso eine Rolle wie der Bezug zum Unmöglichen der Vergangenheit im „ungelebten Leben". Das heile und heilende Wissen ist also nicht nur ein Wissen der Modalitäten des Wirklichen, es nimmt den Bezug zum Unmöglichen auf und erfährt gerade in dieser Überforderung seine angemessene Herausforderung. *Wissen muß sich überfordern, um heil zu sein.* Wo es sich mit dem zufrieden gibt, was erkennbar und identifizierbar ist, geht es zugrunde, weil keine dieser Erkenntnisse wirklich selbstgenügsam sind. Das Gewisse und Selbstgewisse ist gerade das Sich-nichtgenügende[190].

Die Vernunft erzeugt also nur einen Schein von Selbstgenügsamkeit im Wissen. Dieser Schein wird zum Problem, wenn der Bezug zum Unmöglichen vollständig ausgegrenzt und von einer grundsätzlichen Möglichkeit, die gleichbedeutend ist mit Machbarkeit, absorbiert wird. Hier wird die Selbstgewißheit von der Verzweiflung eingeholt, wobei, wie oben anhand von Kierkegaard gezeigt, jeglicher ontische Bezug zu sich der Absurdität und einem völligen Ungenügen verfällt. Die Sicherheit des präsentischen

---

[190]Eine konsequent durchgeführte Studie des Ungenügens kategorialer Gewißheiten findet sich bei F.H.Bradley. Hier wird im einzelnen die Täuschung der scheinbar selbstgewissen Vernunft aufgezeigt und ihr tieferliegender Bezug zum „Ganzen" verdeutlicht, den Bradley „satisfaction" nennt. In der „satisfaction" erkennt die Vernunft in einer Art Mitwissen den Bezug zum „whole". Vgl. Bradley, 1930; Moser, 1989.

Wissens ist hier mit einem Schlag aufgelöst und unbedeutend geworden. Sie gilt zwar nach wie vor in ihrer formalen und logischen Weise, aber ihre Gültigkeit ist heillos und strahlt nicht ab auf ihr inneres Bedürfnis nach Befriedigung.

Das Wissen muß nicht nur dem Prinzip der empirischen und formalen Gewißheit, sondern auch dem Bedürfnis der Befriedigung genügen. Hier wird der ontische Bezug überfordert und will, kann, darf, soll und muß, entsprechend den pathischen Kategorien, auch überfordert werden. Gerade in dieser Überforderung liegt die Herausforderung des pathischen Bezugs zum Ganzen. Die ekstatische Vernunft wird nicht in der Selbstgewißheit des Vergleichs, der Bestätigung, Anerkennung und Identität befriedigt, weil alle diese Befriedigungen den entscheidenden Mangel haben, daß sie einen präsentischen Raum-, Zeit- und Grundbezug haben und damit die in den Kategorien steckende Herausforderung, das Jetzt, Hier und Daß ekstatisch zu übersteigen, nicht annehmen. Auch die ontisch-ontologische Differenz kann diesen Anspruch nach Befriedigung nicht erfüllen, zumal sie doch nur intellektuell vollzogen werden kann. Die *ontisch-pathische* Differenz dagegen gibt das Verhältnis der Vernunft zu ihrer eigenen Bedeutung zu erkennen. Sie ist kein intellektuelles Produkt, sie ist Grundlage des Lebens der Vernunft und strukturiert das Verstehen. Der Bezug zum Ganzen in seiner kategorialen Ausrichtung ist deshalb auch die Voraussetzung des Verstehens.

4. Sucht

Die umfassende Bedeutung der Befriedigung des pathischen Bezugs zeigt sich in den Pathologien der Zwangserkrankung und der Sucht. Gebsattel war einer der ersten Ärzte, die den geistigen Anspruch erkannten, der bei dieser Befriedigung eine Rolle spielt und der bei der ärztlichen Diagnose berücksichtigt werden muß. Gebsattel hat darin Freuds Theorie einer bloßen Triebbefriedigung erweitert und verändert. So wird das Zwangsdenken in der Melancholie zu einem Problem des Zeitbezugs gemacht[191]. Auch die Depression ist eine Folge der Werdenshemmung und der Fraktionierung

---

[191]Gebsattel, 1954, 1ff; s. auch Grätzel, 1993.

der „transeunten Zeit"[192]: Der gehemmte, nicht mehr ekstatische Werdefluß degeneriert zur zwanghaften Wiederholung. In ihr soll das Ungelebte nachgeholt werden. Gebsattel zeigt darin den engen Zusammenhang zwischen existentieller Leere und Zwangserkrankung auf. Die fraktionierte, nicht mehr transeunte oder ekstatische Zeit ist das Bild der Erkrankung und ihr Heilungsversuch zugleich. In der zwanghaften Wiederholung soll die Werdehemmung aufgelöst werden[193]. Analog wird auch der Zählzwang als Werdehemmung verstanden. Das „Nichtvollziehenkönnen" eines pathischen Bewegtseins wird zum pathologisch-zwanghaften Bewegen, das aber ohne Erfolg bleibt[194]. Was dem Zwang fehlt, ist das Bewegtwerden und damit der pathische Bezug. Der Zwang ist damit auf ein isoliertes Jetzt festgelegt. Die Präsenz eines isolierten Jetzt kann weder den Werdesinn erfüllen, noch kann der Werdesinn in der bloßen Präsenz auch nur festgestellt werden. Das bloße Jetzt, Hier und Daß ist leer, weil es in keiner Hinsicht vollzogen werden kann. Das Nichtvollziehenkönnen wird aber als „Sturz in den Abgrund" verstanden und erlebt[195]. Auch im Sturz meldet sich die Ausrichtung auf den Grund, jedoch auch nicht als pathischer, sondern als passiver Bezug. Das Ich erscheint hier in einer merkwürdigen Art und Weise unbeteiligt an seinem pathischen Grundbezug. Sowohl im Zählzwang wie im existentiellen Sturz wird das ekstatische Bewegtsein zu einem zwanghaften Gestoßen- und Geworfensein. In diesem verzweifelten

---

[192]Gebsattel, 1954, 10.
[193]Gebsattel, 1954, 12: „Statt von Station zu Station weiterzugehen, statt Gehörtes und Getanes, Worte und Akte, hinter sich zu lassen, kehrt sie zu allem, was unter dem Einfluß des normalen Werdeprozesses zurückbleiben müßte, wieder um und zurück. Was dem zugrunde liegt, ist eine eigenartige Vollzugsstörung, die nicht die sachliche Bedeutung des Tuns betrifft, aber seinen Werdesinn.[...] Dieses Nichtvollziehenkönnen wird zur Qual, Unfreiheit begleitet es. Es treibt die Patientin, sofort nachzuholen, was sie, von der Hemmung bezwungen, nicht vollziehen konnte."
[194]Gebsattel, 1954, 17: „Deutlich ist zu erkennen, daß der Zählzwang im Dienste steht eines gleichsam blinden Wunsches der gehemmten Persönlichkeit, ihre Unfähigkeit, innerlich von der Stelle zu kommen, durch ein Tun äußerlicher Art. [...] Und doch entspricht diesem objektiven Von-der-Stelle-Kommen in der Melancholie keine innere Mitbewegung der Persönlichkeit."
[195]Gebsattel, 1954, 41: „Aufgehoben ist der Vollzug des Daseins, aber nicht das allgemeine Schema des In-der-Welt-seins, sowohl in bezug auf sich selbst wie in bezug auf die Welt. Doch in der Unvollziehbarkeit des eigenen Selbst und in der Unvollziehbarkeit der Welt erfolgt die Begegnung mit der Leere. Diese Leere, die so sehr im Mittelpunkt der Psychose steht, wird gelebt im Bild des Abgrunds und erfahren in einer Reihenfolge von Abstürzen in den Abgrund hinein."

Heilungswillen ist das Unvermögen augenscheinlich, die Bewegung durch bloße Reihung von Punkten zu erzeugen. Es stellt sich die Frage, woran diese Selbstheilung scheitert, warum also der Werdefluß durch die zwanghafte Wiederholung nicht wieder hergestellt wird.

In der zwanghaften Wiederholung fehlt offensichtlich das entscheidende Kriterium des pathischen Vollzugs, die Selbsthingabe und Opferung. Wie oben gezeigt, ist die Hinnahme nur im Zusammenhang mit der Hingabe ekstatisch. In den von Gebsattel beschriebenen Depersonalisationen bleibt das Ich nur betroffen, ist aber nicht beteiligt. Es schließt sich gleichsam vom pathischen Bezug aus und wird dadurch auf den aktiv-passiven Bezug verwiesen. Der aktiv-passive Bezug ist aber, wie schon gesagt, kein pathischer mehr, da hier der steigend-steigernde Vollzug durch ein Durchschreiten des Zwischen in Raum, Zeit und Grund-Wirkung ersetzt ist. Insofern kann hier von einer eigentümlichen Unberührtheit gesprochen werden, in der die Welt, der Andere und Gott erstorben und leer erscheinen.

Der transzendenzlose Bezug zu Jetzt, Hier und Daß läßt nur die sinnlose Wiederholung zu, da hier das Selbst nicht beteiligt ist und unberührt bleibt. Werden wird hier als „Entwerden" erfahren[196]. Statt einer Gestaltung der Existenz verliert sie in der aktiv-passiven Wiederholung. Die Leere hält den Mechanismus des Zwanges in Gang. Die präsentische Ausrichtung des Zwanges zwingt zur Wiederholung und erzeugt darin die Sucht[197]. Hier kommen alle Momente des Mißglückens von Dasein zusammen. Das hingabelose Existieren läßt keinen pathischen Bezug mehr zu. Er wird ersetzt und kompensiert in der zwanghaften Wiederholung, die aber nicht den Werdesinn wiederfinden läßt, sondern im Gegenteil nur die Sinnlosigkeit der Wiederholung reflektiert. Statt einer Gestaltung der Existenz kommt es zu einer Entleerung von Selbst und Welt. Die ekstatische Ausrichtung der Zeit ist zum Jetzt zusammengeschmolzen. Aus diesem Jetzt ist aber weder ein Sinn noch ein Erleben abziehbar, da es dieses Produkt der Entleerung ist. Dennoch verstärkt sich dieser Suchtmechanismus, weil die Eigendynamik des Existierens erhalten bleibt. Der Anspruch der ekstatischen Ver-

---

[196]Gesattel, 1954, 141.
[197]Gebsattel, 1954, 134: „Für die Zeitstruktur der Sucht maßgebend ist das Moment der Wiederholung. Der Süchtige, der übergreifenden Kontinuität seiner inneren Lebensgeschichte verlustig, existiert darum nur punktuell, im Augenblick scheinhafter Erfüllung, diskontinuierlich also. Er lebt von Moment zu Moment, ist aber letztlich in jedem unbefriedigt."

nunft nach dem Übergreifenden bleibt auch in der Selbstbindung an das Punktuelle erhalten.

Das gilt auch für den Fetischismus. Auch hier ist die ekstatische Ganzheit der Liebe nicht erreicht. Sie wird im Detail gesucht, das dann auch die Rolle des Du übernehmen muß[198]. Der dialogische Charakter ist aber nicht ausgebildet und muß immer wieder am „Liebesobjekt" erneuert werden. *Die erotische Wir-Bildung ist nicht erfolgt.* Der Zwang zur Wiederholung eines egoistischen Du-Erlebens steht auch hier im engen Zusammenhang mit dem fragmentarischen Objektbezug. Das auf das Jetzt, Hier und Daß reduzierte Selbst vollzieht das Werden nur noch in der sinnlosen und erlebnislosen Wiederholung, also nicht mehr in der Ekstase, sondern in der Reproduktion. Statt von der Fülle des Augenblicks wird es von der Leere der endlosen Wiederholung heimgesucht. Der Genuß ohne Hingabe und Opfer führt nicht zur Heilung, sondern wird zur Hölle der Entwerdung. In diesem Absturz liegt eine klare Selbstzerstörung[199]. Doch auch sie ist nicht absolut zu sehen und zu bewerten. Sie ist Wille zum Heil, wenngleich in großer Einsamkeit.

Wenn in der Erkrankung der Wille zur Heilung zu sehen ist, den Weizsäcker in seinem „Ja, aber nicht so" ermutigt und korrigiert, dann zeigt sich hierin ihr existentieller Hintergrund, der durch das Verstehen und die Verfolgung der Sinnausrichtung erkannt werden kann. Weizsäckers Biographik bietet hier die entsprechende geschichtliche Erforschung des Sinnes. Zusammen mit der „Zukunftsorientierung des Werdesinnes" bei Gebsattel wird das „Unterwegssein" der Existenz von der räumlichen, zeitlichen und ursächlichen Statik des Entwerdens differenziert, die diese Suche nach dem Heim zur „Heimsuchung" macht. Hier zeigt sich der Umschlag von Suche in Heimsuchung in dem Aufgeben der utopischen Grundverfassung. Gesundheit und Heil sind die Ziele dieses Unterwegsseins, die sich nur dann erfüllen, wenn der ekstatische Bezug des Menschen zu seinem Lebensgeschehen nicht an einzelne Ziele, nicht an ein Etwas gebunden wird[200].

---

[198]Gebsattel, 1954, 144ff.

[199]Gebsattel, 1954, 232f: „Der Drang zur Selbstzerstörung, den wir unter anderem in der Sucht sich auswirken sehen, stammt nämlich aus verleugneter oder aus grundsätzlich dem Individuum unzugänglicher Verzweiflung. Will aber der Mensch sich selbst nicht annehmen, so heißt das, daß er, obschon er *ist*, nicht sein will."

[200]Ulrich, 1961,18: „Der *bloße* unter- und abschneidende (prae-cisierende) und deshalb fixierende Verstand zerstört dieses Element der Hoffnung im spekulativen Vollzug der

5. Liebe

Gerade die medizinischen Beiträge zur Anthropologie machen deutlich, daß die menschliche Existenz eine Suche nach dem Heil ist. Diese Suche vollzieht sich in allen Formen des Existierens, von der Physiologie bis hin zur Gestaltung des eigenen Lebens. Heil hat dabei jeweils eine modifizierte Bedeutung, die von der Heilung einer Krankheit bis zum Finden des Seelenheils reicht. Diese Suche nach dem Heil läßt die Existenz als Prozeß erscheinen, als Unterwegssein. Doch Werden, Steigerung und Überstieg haben dabei eine konkretere Bedeutung, sie sind nicht reine, unpersönliche Verläufe, es sind Suchvorgänge eines Kranken oder Bedürftigen. Die ekstatische Vernunft ist sich nicht selbst genug, sie ist bedürftig, und alles Wissen und Erleben dient der Besserung und Genesung.

Ist dieser Anspruch immer gegenwärtig, dann müssen sich alle Gewißheiten als Medizin erweisen; ebenso kann das Erleben nicht unmittelbar selbstgenügsam sein, sondern ist auch an diese Bedingung geknüpft. Die Steigerung des ekstatischen Lebens wird zum leeren und in sich zusammensinkenden Versteigen, wenn diese Bedingung allen Wissens und Erlebens nicht erfüllt wird. Gnadenlos wird Existieren zum Wahn und Leben zum Siechtum. Doch worin liegt dieses Heil? Die Antwort ist offensichtlich: Die Existenz vollendet sich im Offenhalten und Ermöglichen eines ständigen Begegnen-könnens. Dies bedeutet, daß zu jedem Exzeß ein Regreß gefunden werden muß.

Im bloßen Exzeß der Sucht, des Zwangs, der Phobie, des Fetischismus wird das Heil verfehlt. Binswanger hat diese Verfehlungen unter dem Begriff des „mißglückten Daseins" zusammengefaßt. Konkret beschreibt er dabei drei Formen: die Verstiegenheit, die Verschrobenheit und die Manieriertheit[201]. An der Gemeinsamkeit dieser drei Formen wird aber deutlich, daß es sich für Binswanger um ein allgemeines Strukturproblem der Existenz handelt, um den gemeinsamen Zug des „An-ein-Ende-geratens", des „Stillstandes" der Existenz. Grund für diesen Stillstand ist ein Mißverhält-

---

Vernunft, indem er uns entweder in das 'Immer-schon-beim-Sein-gewesen-sein' fixiert, alle im Denken sich ereignende 'Zukunft des Seins' im Gewesen untergehen läßt, vergangen macht und dadurch adventlos 'vergreist' -, oder er fixiert uns als die Ausgesetzten auf den Weg, er treibt uns auf eine an-sich-haltende, niemals sich schenkende Zukunft des Seins hin, die uns auf den vergeblichen Anfang zurückwirft."
[201]Binswanger, 1/232ff.

nis zwischen dem Entwurf, der Planung der Existenz, und ihrer Ausführbarkeit dieses Plans. Jedes existentielle Steigen muß an einem Punkt beginnen und einen Bezug zu diesem Anfang setzen. Dieser Bezugspunkt ist aber nicht das „In-der-Welt-sein", wie Binswanger kritisch auf Heidegger hin bemerkt, sondern das „Über-die-Welt-hinaus", ein ekstatischer Bezug, unter dem Binswanger den raum-zeitlichen Bezug von Liebe versteht. Die ekstatischen Formen von Raum und Zeit sind Heimat und Ewigkeit[202]. Diese Bezugpunkte sind aber utopisch, da sie nie als feste Standorte vereinnahmbar sind. Wenn Heimat und Ewigkeit als topische Punkte definiert werden, dann ist der ekstatische Bezug zu einem sachlichen geworden und damit die Bewegung zum Stillstand gebracht[203]. Die Verstiegenheit ist dadurch charakterisiert, daß der utopische Bezug zur Heimat zu einem topisch-doxischen geworden ist.

Die gleiche Versachlichung zeigt sich bei der Verschrobenheit, wobei der instrumentelle Charakter des Umganges stärker hervortritt und der mitmenschliche Bezug ausschließlich von im Sinne des „Nehmen-bei" verstanden wird[204]. Auch die Manieriertheit läßt ein Defizit des ekstatischen Bezuges erkennen. Hier ist das „In-der-Welt-sein" der Existenz heimatlos geworden, gerade weil der immanente Bezug zur ausschließlichen Existenzweise geworden ist[205]. Der ausschließliche immanente Bezug zum Anderen, zur Welt und zu sich selbst verlangt die Demonstration und den Beweis und schließt damit Vertrauen und Zuversicht aus. Der bloße Umgang ohne transzendierenden Bezug führt zum verstiegenen, verschrobenen und manierierten Stillstand, bei dem sich die Existenz in ihrer eigenen Versachlichung festgefahren und gebunden hat. Das Projekt ist zur Falle geworden.

Strukturell gesehen, zeigt Liebe den Bezug über die Welt hinaus, sie ist ein Überschreiten der eigenen Grenzen und des Verstehens aus sich. Das im-

---

[202]Binswanger, 1/242.

[203]Binswanger, 1/242: „Denn nur wo die Communio der Liebe und die Communicatio der Freundschaft abgedankt und der bloße Umgang und Verkehr mit 'den Anderen' und mit sich selbst die ausschließliche Führung unseres Seins übernommen haben, können Höhe und Tiefe, Nähe und Ferne, Gewesenheit und Zukünftigkeit eine so ausschlagende Bedeutung erlangen, daß das Steigen an ein *Ende* und an ein *Jetzt* gelangen kann, von dem es kein Zurück und kein Vorwärts mehr gibt, das aber heißt, wo das Steigen umgeschlagen hat in Verstiegenheit."

[204]Binswanger, 1/268.

[205]Binswanger, 1/388.

manente Verweisen auf sich, auf Eigenständigkeit und Nützlichkeit ist nun gerade kein Fundieren, wie Binswanger zeigen kann, sondern führt zur haltlosen Unselbständigkeit der festgefahrenen Verstiegenheit, des Sichfügens der Verschrobenheit und der Maskenhaftigkeit der Manieriertheit. In den mißglückenden Formen schneidet sich das Dasein „von seinem Grund ab"[206]. Die geschichtliche Bewegtheit des Sich-entwerfens in die Zukunft ist also ein Entwurf aus dem Grund. Dieser Entwurf kann für Binswanger nur im Vertrauen und in der Liebe vollzogen werden, er läßt sich nicht ontisch oder ontologisch vollziehen. Der Versuch der ontischen Ausrichtung führt zum Mißglücken des Daseins. Die faktische Orientierung im topisch-doxischen Hier und Jetzt gelingt nur aufgrund der „liebenden Einräumung" im Miteinander[207]. Der Verzicht oder das Unvermögen dieser pathischen Ausrichtung läßt keine räumliche, zeitliche und kausale Orientierung mehr zu. Die existentielle Desorientiertheit des mißglükkenden Daseins resultiert aus der Reduktion des Pathischen auf das Ontische, der Reduktion des Über-die-Welt-hinaus auf das definierte, als eingegrenztes faktisches Verstehen.

Auch der ontologische Bezug ist für sich allein nicht ekstatisch, wie Binswanger an Heidegger kritisiert[208]. Der ekstatische „Ausstand" kennt keine Grenze, wie sie der Tod darstellt. Hier ist die Ewigkeit in den Zeitpunkt eingebunden und hebt damit jeglichen Präsenzcharakter des Augenblicks auf. Doch nur der liebende Bezug kann diesen Sprung über Gegenwärtigkeit und ihre Bedürftigkeit leisten[209]. Die Liebe zeigt sich existentiell als die Gewißheit des „Immer-schon-angekommenseins"[210] und verdeutlicht damit den ekstatischen Bezug zu diesem Grund.

Entscheidend für diese Konkretisierung der Zeiträumlichkeit der Ekstase ist die ontisch-pathische Differenz, die das Existieren des liebenden Miteinander unterscheidet vom bloßen Existieren der Je-meinigkeit, die Heidegger zugrunde gelegt hatte. Das im leeren Zeit-, Raum- und Grundver-

---

[206] Binswanger, 1/388.
[207] Binswanger, 2/21.
[208] Binswanger, 2/45f.
[209] Binswanger, 2/81: „Das Sichvorweg enthüllte sich als *Sein zum Ende*. Ein solches Ende 'kennt' das liebende Miteinandersein als solches, wie wir wissen, nicht, besser gesagt, es 'rechnet' nicht mit dem Tod in dem Sinne, daß es sich auf ihn in vorlaufender Entschlossenheit entwirft. Es gehört ja gerade zum Wesen des *ewigen* Augenblicks, daß in ihm *nichts aussteht!*"
[210] Binswanger, 2/83.

hältnis sich befindende Selbst erlebt Existenz nur noch als das nackte Grauen, gerade weil der immanente, innerweltliche Bezug nur noch das leere Dazwischen mißt, während der zugrundeliegende pathische Bezug Raum und Zeit in das Grundverhältnis zu Heimat und Ewigkeit stellt"[211]. Alle Bezüge zu sich selbst, zur Welt, zum Anderen und zu Gott gehen im bloßen Sein verloren, da jeglicher Umgang und damit jegliche Möglichkeit zur Unmöglichkeit aufgegeben ist. Insofern stellt das nackte Grauen noch einmal eine Steigerung gegenüber den mißglückenden Formen des Daseins dar. Während dort das Miteinander festgefahren und versachlicht ist, ist es hier im bloßen Am-Lebensein verschwunden. Das bloße Leben in seiner Unmittelbarkeit ist aber nicht lebbar[212]. Erst der liebende Umgang macht das Sein lebbar, macht aus dem unlebbaren Ist ein lebbares Über-ist. Sein kann deshalb für Binswanger nur Liebe sein.

Immer wieder erweist er diesen Grundsatz an der Pathologie. Über Freud hinausgehend, zeigt er den Grund der Erkrankung im Weltentwurf, also im Mißglücken der ekstatischen Existenz, nicht der triebhaften. Da der Mensch hier eine konkrete Haltung und Stellung zum liebenden Umgang einnimmt, kann auch die Dimension ermessen werden, in der zeitlich und räumlich der Mensch sich bewegen kann. Hier läßt sich eine Bandbreite von der unendlichen Ekstatik der reinen Liebe bis hin zur ekstaselosen Enge des nackten Grauens aufweisen. Da sich der ekstatische Bezug immer in raum-zeitlichen Vorstellungen konkretisiert, kann er so im Einzelfall diagnostiziert werden. So analysiert Binswanger eine „Absatzphobie" über Freud hinausgehend als Einbruch des nackten Grauens in eine künstlich homogenisierte Welt[213]. Die Homogenität von Zeit und Raum sind grundsätzlich pathologische Erscheinungen eines nicht mehr transzendierenden

---

[211]Binswanger, 2/402: „'Nur noch Leben' ist, wo dem Dasein sowohl jegliches Seinkönnen, umwillen dessen es sein kann, wie jegliches Was, woraufhin es ist (also die Weltlichkeit der Welt) wie erst recht die Heimat, in der es ist, wie jegliches Mit, womit es ist, entschwunden ist. *Weil* in all dem das In-der-Welt-sein-können des Daseins 'besteht', *ist* dieses Entschwinden *Grauen*."

[212]Binswanger, 2/402f: „Wenn man beim Grauen überhaupt noch von einer 'Enthüllung' sprechen könnte, so wäre das, was es enthüllt, eben die Nacktheit des Daseins, das nur noch Am-Leben-sein. In Wirklichkeit enthüllt aber das Grauen nicht die Nacktheit des Daseins, vielmehr *ist* jenes Entschwinden des Daseins nichts anderes als Grauen. [...] Die menschliche Lebensform ist eine solche, die ihre Umwandlung in 'bloßes Leben' nicht aushält."

[213]Binswanger, 3/245ff.

Leben und zeigt so den Verlust der ekstatischen Ausrichtung von Zeit und Raum.

Die Bewegtheit, die in diesem Bezug entsteht, ist auch grundsätzlich für die Bewegung des Leibes. Diese Bewegung ist keine bloße Lebensbewegung, kein unmittelbares und selbständiges Leibgeschehen, sondern Ausdruck der ekstatischen Bewegtheit der Existenz. Deshalb ist auch am Leib und seiner Bewegung eine Stimmung ablesbar[214]. Der psychophysische Parallelismus bekommt hier eine neue Ausrichung auf die Ekstatik der Vernunft. Dieser Blickpunkt erlaubt aber die für den Arzt entscheidende Analogie von körperlicher Erscheinung und existentieller Verfassung.

Bewegung und Bewegtheit ist immer ein zeit-räumliches Phänomen, das durch den pathischen und ekstatischen Bezug eine inhaltliche Komponente bekommt. Nicht die bloße Bewegung von hier nach dort, auch nicht ihre Auseinanderlegung in aktive und passive Anteile ist dabei maßgebend, sondern der Zug und Bezug zu einer unüberschreitbaren Grenze und das hierbei gewonnene Wissen, daß der bewegende Grund, der oder das Andere immer schon erreicht ist, obwohl die Bewegung auf ihn zurück nie abgeschlossen ist.

Das „Auseinanderfallen" oder „Auseinanderklaffen" der Ekstasen als krankhafte Störung ist deshalb zuerst eine Störung der communio und communicatio[215]. Ekstatik ist kein individuelles Ereignis, sondern ein Wir-Ereignis, wie es für Binswanger am reinsten in der „Begegnung" stattfindet[216]. Begegnung ist Ekstase, weil sich in ihr das Unteilbare, das Individuum mitteilen kann. Diese Mitteilung übersteigt den faktischen und sachlichen Austausch in seiner entgrenzenden Neuigkeit, die auch in der wiederholten Begegnung nicht verlorengeht. Dieser Sinn für das Einmalige der Begegnung mit ihrem gleichzeitigen Geheimnis und ihrer Offenbarung

---

[214]Binswanger, 3/160: „Nicht auf die Bewegungen des Leibes kommt es hier an, sondern auf die Art der Bewegtheit unseres Daseins überhaupt, die sich zwar stets auch leiblich ausdrückt, von welchem Ausdruck die *Bewegung* des Leibes aber nur ein Spezialfall ist."
[215]Binswanger, 4/202f.
[216]Binswanger, 2/74f: „Die Begegnung der Liebenden als Liebende ist gerade diese 'blitzartige', unheimlich-überwältigende, darin dem religiösen Tremendum verwandte, aufwühlende, entzückte und entrückte Einung von suchender ('verhüllter') Wirbegegnung und findender oder wählender ('enthüllender') Begegnung mit einer als der geliebten *Einen*. Dies ist der ontologische Sinn des der Seinstruktur der liebenden Begegnung immanenten Phänomens der *Enthüllung*, der *Revelation* oder *Offenbarung*."

entfaltet sich nur der entgrenzenden Übersteigerung aller zweckhaften, sinnlich und sinnhaft abgeschlossenen Prozesse. Die Begegnung ist deshalb auch zu unterscheiden von jeder Form des Schlusses, sei es ein Zusammenschluß oder ein Abschluß. Hier zeigt sich wieder der paradoxe Charakter eines Prozesses, der die Annäherung in der Begegnung nur in einer unendlichen Ferne zu dem Anderen vollzieht. Der Andere behält in der Annäherung seine Ferne und Entferntheit und ist hierdurch der Verfügung entzogen. So kann nur in der Ferne das Intime mitgeteilt werden. Diese Mitteilung des Intimen aus der Ferne des Je-andersseins bleibt ungeteilte Mitteilung, also individuell.

Dagegen zeigt sich die Annäherung an diese Ferne, sei sie zwischenmenschlich oder wissenschaftlich, als Enthüllung des Grauens, an deren Ende nur das nackte Selbst und der Andere als „Hölle" wartet. In der existentiellen Enthüllung wird der Mensch nicht nur zum wissenschaftlichen oder wirtschaftlichen Objekt für den Beobachter, er verliert auch sein eigenes Wesen, seine Je-meinigkeit, da er keinen Wir-Raum mehr hat, in den hinein er sich entwerfen kann. Hier hat Binswanger gezeigt, daß der bloße Ich-Raum, das reine Sein des Existierens, kein Ersatz sein kann: das Daseins versteigt und verschraubt sich in grundlose Bereiche hinein, es wird in einer Weise diesseitig und direkt, die ihm selbst und dem Anderen nur noch ein Grauen ist.

Zwischen Enhüllung des Geheimnisses und Begegnung besteht ein gegensätzliches Verhältnis: die Begegnung ist keine sachliche Offenlegung, sondern eine Offenbarung der Ferne des Anderen und ihrer intimen Verbundenheit mit der eigenen inneren Ferne, in der sich das unbekannte Ich bekannt ist. Enhüllt wird diese Intimität nur in der Versachlichung, die aber jeder Begegnung droht. Dieses Schicksal ereilt zuerst die Dinge der äußeren Welt, wenn das kindliche Staunen, wenn die Ehrfurcht und Bewunderung gewichen sind. Im Verlust dieser ekstatischen Bezüge wird die weltliche Begegnung zur Subjekt-Objekt-Beziehung.

Im dichten Gefolge dieses Verlustes liegt die Versachlichung der Wirbegegnung in allen Formen des berechneten Umgangs. Dabei ist es ein fataler Irrtum, daß der Verlust des Staunens, der Ehrfurcht und Bewunderung im Begegnen-können und sein Ersatz durch wissenschaftliche Genauigkeit eine Verbesserung darstellen, sie gehen auf Kosten der Integrität der Erfahrung und bewirken eine Anreicherung des Angstpotentials. Dabei ist nicht diese Sachlichkeit selbst grauenvoll, sondern ihr autonomer Charak-

ter, ihre Selbstverständlichkeit und Selbstgenügsamkeit. Dieses An-sichsein der Sachlichkeit, die zur bloßen Sachlichkeit entkleidete Existenz, deren einziger ekstatischer Bezug das Für-sich ist, ist grauenvoll. Ihm bleiben zur Selbstbegegnung nur die topisch-doxischen Aussagen über das Leben, die Existenz und die Dinge.
Freiheit, so wird erst aus der psychiatrischen Perspektive deutlich, kann nur als Geschenk gegeben und genommen werden. Grund dafür ist die Ferne des Anderen, aus der sie allein herkommen kann. Im Zwischen des mechanischen Räderwerks von Geschäft und Wissen ist nur Zwang und Notwendigkeit. In solcher Nähe und Direktheit kann nichts geschenkt werden, wie Bataille ganz richtig hervorhebt. Hier wird nur gemessen, verglichen und bezahlt. Geschenke kommen aus der Ferne der Eigenständigkeit des Anderen und sind Offenbarung der Freiheit. Hegels Nachweis eines angeblichen Kampfes um Anerkennung ist deshalb kein Ringen um einen ursprünglichen Begriff des Selbstbewußtseins und damit des Geistes, sondern ein bereits auf der Sachebene geführter Vergleich. Das Selbstbewußtsein, das sich für ihn ja aus dem Sachbewußtsein entwickelt, hat sich hierbei schon völlig in einen wir-losen Raum verstiegen und will zum Du nur durch den unendlichen und auch unerfüllbaren Anspruch der Ich-Verherrlichung zurückfinden. Hegels Darstellung ist bereits eine „Phänomenologie der Verstiegenheit". Sie ist aber nur der Auftakt zu einer Reihe von Philosophien und Theorien, die weder die Bedeutung der Ferne, noch die des aus der Ferne gemachten Geschenks mehr kennen.
Hegel vollzieht sie aus der Gleichsetzung von Vernunft und Wirklichkeit, daß „alles Vernünftige wirklich und alles Wirkliche vernünftig ist". Von dieser Gleichsetzung von Vernunft und Wirklichkeit ist es nur ein kleiner Schritt zum Totalitarismus gesellschaftlicher Systeme. Die Welt kann von der Vernunft und die Vernunft von der Welt her gelesen werden. In einem Fall haben wir die Wirklichkeit des Geistes, im anderen Fall den Geist der Wirklichkeit. In beiden Fällen ist die ekstatische Erfahrung einer identifikativen gewichen.
Mit Hegel beginnt die Wissenschaft im modernen Sinn. Das Ziel der Einheit von Vernunft und Wirklichkeit scheint durch die technischen Möglichkeiten in greifbare Nähe gerückt. Voraussetzung ist der Glaube an die vollständige Erkennbarkeit des Geistes oder der Materie durch sich selbst. Damit ist zunächst jede Transzendenz vom Prinzip her ausgeschlossen.

Hegels bekanntes Beispiel der Herr-Knecht-Begegnung zeigt den egoistischen und narzißtischen Standpunkt als Ursprung des Bezugs auf Andere. Der Andere wird hier nur zugelassen, wenn er vor dem Ich niedersinkt und es anerkennt. Dabei ist, und das ist der entscheidende Punkt, das Ich nicht in der Lage, auch aus sich heraus Eigenständigkeit zu erreichen, es ist auf die Unselbständigkeit des Anderen angewiesen, um seine eigene Unselbständigkeit aufrechtzuerhalten.

Die ursprüngliche Freiheit des Menschen in der Begegnung ist hier zu einer mörderischen Abhängigkeit voneinander geworden. Grund dafür ist die statische und narzißtische Ausrichtung der Selbstgewißheit an der Identität. Identität gilt es zu bewahren, obwohl sie gar nicht wirklich ist. Diesem absoluten Anspruch muß der Andere nachkommen, und es zeigt sich, daß er mit seiner Unterwerfung dieser Aufgabe Genüge tut. Wie Kojève ganz zu recht gesehen hat, ist diese Selbsterhaltung keine natürliche mehr. Sie ist aber auch keine menschliche, wie er behauptet; vielmehr ist sie die zum Egoismus verkommene Vernunft, die die gesamte Außenwelt einschließlich dem Menschen als Material für die eigene Verwertung und Vernutzung sieht.

Auch wenn Hegel in der Herr-Knecht-Begegnung nur eine Episode der Vernunft sieht, so ist doch deutlich, daß er die Beziehung zum Anderen aus der Perspektive des Einzelnen und dessen Identität heraus konstruiert und damit dem Selbstbezug den Vorrang vor dem Fremdbezug gibt. Der Andere erscheint erst im Licht der Selbsterkenntnis. Diese Erscheinungsform ist nur noch statisch, nicht mehr ekstatisch, weil die Ausrichtung auf den Anderen nur noch der Stabilisierung des Selbst dient. Der formale Bezug, den das Ich auf dieser Entwicklungsstufe der Vernunft zu sich selbst erreicht hat, muß nun durch den realen Bezug zum Anderen bestätigt werden. Auch wenn diese Bestätigung ein Kampf um Leben und Tod ist, so ist er doch von seiner ekstatischen Qualität abgestorben. Die Vernunft schöpft hier nicht aus ihrer Eigenwahrnehmung, sondern nimmt einen externen Standpunkt ein, auf dem sie weder bewegt noch bewegt wird.

Hegel hat das System der statischen Vernunft perfektioniert. Für ihn ist die Hingabe kein philosophisches Kriterium mehr. Diesen Standpunkt nimmt er zwar nicht allein ein, er ist aber derjenige, der die statische Selbsterhaltung als historischen Prozeß dargestellt hat. Das von ihm geprägte 19. Jahrhundert kennt nur noch die Immanenz des Geistes in der Materie

und umgekehrt. Dieser integrale Ansatz ist zugleich totalitär, da er den eigenen Standpunkt als geschichtliche Vollendung begreift.
Die ekstatische Vernunft nimmt den Ursprung in der Hingabe und als Hingabe wahr. Hierbei verschmilzt das Erkennen mit dem Handeln. Die Erkenntnis bleibt der Vernunft nicht äußerlich, sondern läßt sie in ihrer „schenkenden Tugend" aufgehen. Die Erkenntnis des Ursprungs wird zur Hingabe an den Ursprung und umgekehrt die Hingabe zur Erkenntnis. Die Liebe ist also der eigentliche Grund der Erkenntnis und zugleich sein Inhalt. In ihrer Gegenstandslosigkeit scheint sie zunächst philosophisch irrelevant. Sie wird aber dort maßgeblich, wo die Selbsterkenntnis allein aus dem Haß rekonstruiert wird, wie bei Hegel.
Der Haß, die Gleichgültigkeit und die Sorge sind die Grundbegriffe der Philosophie seit Descartes geworden. Die Liebe wurde den Theologen und Psychologen überlassen, die sie einmal von der christlichen, das andere Mal von der erotischen Bedeutung her thematisieren. Erst Nietzsche hat die Liebe wieder zum philosophischen Gegenstand gemacht. In der schenkenden Tugend erfaßt und gestaltet sich die große Vernunft. Dabei ist sie aber nicht Wirklichkeit, sondern reiner Schein, ein „aus sich rollendes Rad". Der Haß zeigt für ihn das „niedergehende" Leben an. Leben und Wissen trennen sich und werden zu Gegensätzen, die nur noch in faulen Kompromissen überbrückt werden können. Das hassende Wissen geht auf Vernichtung aus, es kann nur noch in der formalen Identität eines Ich Fuß fassen und durchsetzt auch diesen Bezug mit Haß und Abscheu. Die Gründung des Hasses in der statischen Vernunft ist nicht nur ein Problem des Gefühls, sondern auch des Erkennens. Der statische Bezug der Identität ist vom Haß geprägt, der ekstatische Bezug zum Ursprung ist Liebe. So ist gerade der Bezug zu sich selbst von absoluten Gegensätzen geprägt. Das cogito ist durchaus keine eindeutige Erkenntnis, sondern kann, sofern es Ursprungserkenntnis ist, ebenfalls hassender oder liebender Selbstbezug sein. Hier trennt sich das kleine Ich vom großen, die kleine Vernunft von der großen: Während die kleine Vernunft eine Bezugsquelle zugrundelegt, auf die sie alles bezieht und an der sie alles festmacht, geht die große Vernunft zu dem Ursprung zurück, aus dem sie zugleich in Hingabe enkommt. Statische und hypostatische Vernunft monologisiert aus einem Grund, den sie im Monolog und auch als diesen Monolog zu erfassen sucht. Dieses Erfassen gleicht aber einem vernichtenden Zugriff, der allerdings nie gelingt. Als einzige Gewißheit wird die Ausgeschlossenheit deutlich. In die-

ser Erkenntnis verbindet sich der Haß mit der Verzweiflung der Selbstüberlassenheit und Verlorenheit. Was die Existentialisten zum Grundgefühl des Menschen hochstilisiert haben, ist das Prinzip der sich hassenden Identität, die sich selbst von ihrer Eigenerkenntnis ausschließt. Aus dieser verhaßten Gewißheit kann es nur noch Flucht und Exzeß geben.
Gerade hierin liegt die Bedeutung von Bataille und seine Lösung durch seinen Begriff der Ökonomie und Rolle des Gabentausches. Doch Bataille glaubte an die Wirkung der Obszönität und Gewalt und ihre scheinbare Entgrenzung. Er verwechselte die gewaltsame und obszöne Aufsprengung des Wissens und des Umganges mit der aufsprengenden Wirkung einer Begegnung. Was hier die Kraft des Geheimnisses ist, ist dort die Hilflosigkeit des nackten Grauens sadistischer Orgien. Dennoch muß Bataille die Bedeutung zuerkannt werden, das Geschenk zum philosophischen Thema gemacht zu haben. Beschenkt, aber auch geschenkt wird immer ein Du, nie ein Ich. Erst in dieser Selbstlosigkeit öffnet sich der Wir-Raum, in den dann dieses ekstatisch-selbstlose Selbst eintritt. Die Armut, das uralte Thema der Mystik, schafft diese Voraussetzung.
Hier schließt sich der Kreis von christlicher Mystik zu medizinischer Anthropologie. Nicht nur bei den Absichten, der Erforschung des Heils, auch in den Methoden und Hinweisen kommt es zu grundsätzlichen Übereinstimmungen. Das Sein ist nicht unmittelbar, ist nicht nah, sondern fern, unerreichbar und unbegreifbar. Es zeigt sich weder im direkten Reflex noch im reinen Geschehen, weder im Hier und Jetzt noch im Ausleben des Hier und Jetzt im triebhaften Augenblick. Alle Versuche in diese Richtung schlagen fehl. Sie sind von der Art der Enthüllung des nackten Grauens. Das nackte Grauen ist aber keine Eigenschaft des Seins, wie noch Nietzsche glaubte, sondern die Eigenart des Zuganges zum Sein. Das Sein ist nur ekstatisch zugänglich, also im pathischen Bezug, nicht durch ontischen Vergleich oder Beweis. Zur Ekstase gehört aber ein Überstieg, eine Transzendenz, die das Ich in jeder Erfahrung mitbringt oder mitweiß. Diese Schwellenerfahrung zur eigenen Innerlichkeit, zum Anderen, zur Welt und zu Gott kann im Übergriff der Verstiegenheit scheinbar übersprungen werden. Doch bei diesem Übergriff verläßt das Ich den Begegnungsraum des Wir, überschreitet also gar nicht die Schwelle, sondern zieht sich auf eine formale und falsche Identität zurück, die es dann allerdings in ihrer Sachlichkeit bedroht, um es im nackten Grauen zu vernichten. Hierdurch wird

jede Form von Besitz fragwürdig, zutiefst aber jener Besitz, in dem das Ich sich selbst zu besitzen scheint.

Besitz kann eine Gefahr sein, wenn er als Zugang zum Sein gelten muß. Vom Besitz kommt nichts zurück. Nicht er gibt, sondern ihm wird gegeben, nämlich die Bedeutung des Seins. Das Selbst verausgabt sich im Besitz, sowohl im inneren wie im äußeren, und wird von ihm besessen. In dieser Versachlichung seines Eigensten treibt es sich selbst in die Enge, von der es zuletzt grauenvoll heimgesucht wird. Diese Versachlichung ist in jeder Identität zu finden, die ekstatische Differenzen vergleicht, gleichsetzt und ausgleicht. Nicht im Ergebnis, sondern bereits im Bemühen um diese Beweise geht der ekstatische Bezug verloren und wird durch den abstrakten Bezug der Identität ersetzt[217]. Der Zugang zum Sein kann nicht identifikativ-besitzergreifend erfolgen, weder durch den begrifflichen, noch durch den praktischen Zugriff.

Transzendenz oder Überschreitung der Schwelle zum Anderen heißt also in keinem Fall Besitz des Anderen. Dies gilt für den Umgang, dies gilt aber auch für den Begriff. Auch hier ist die Armut die Voraussetzung für Erkenntnis, wie es einstimmig von den Mystikern gesagt wird. Armut muß aber dabei recht verstanden werden. Es reicht nicht aus, sie als Nicht-Besitz zu sehen und umzusetzen. Auch ein Nicht-Besitz ist ein Besitz, da nicht das äußere Dokument, sondern der Bezug ausschlaggebend ist. Wird Armut besessen, dann hat sie die gleiche Bedeutung wie der Reichtum. Sie zeigt nur die Meinigkeit der Handlung oder des Wissens, ohne den ekstatischen Bezug der Begegnung zu berühren. Hier aber findet allein die Armut statt.

Nur ein Selbst, das nicht besessen ist, kann einem Anderen begegnen. Wie sonst könnte es sonst überhaupt zu einer Berührung, geschweige denn zu einer Umarmung kommen? Es gibt keine Erotik zwischen Besessenen. Ebenso gibt es kein Wissen in einem Subjekt, das sein Objekt besitzt. Völ-

---

[217] Balthasar, 1963, 45: „In der Richtung auf existentielle Darlegung solcher Identität in und über aller Differenz streben alle philosophisch-mystischen Weltreligionen; sie überwinden die Grenzen der Endlichkeit durch Abstraktion auf Identität hin, das heißt durch einen primär vernunfthaften Vorgang, sie sind Gnosen, Weisheitslehren, Logismen, sie führen dem Absoluten entgegen, mag dies nun als Sein (als letztes Identisches in allem Seienden) oder als Nichts (nämlich alles Endlich-Seienden) bezeichnet werden. Diese Gnosen, auf die menschlich-inchoatives Denken zu einer Abrundung notwendig verfällt, lösen die reale endliche Liebe verdünnend in ein höheres Medium auf."

lig auszuschließen aber ist eine Begegnung zwischen Mensch und Gott, wenn dieser sich erst zu beweisen hat oder bewiesen werden muß.
Die Ethik verwirft den Besitz von Menschen, sie beginnt, als ökologische Ethik einer Ehrfurcht vor dem Leben, den Besitz von Natur zu verwerfen, sie verwirft nicht, höchstens intellektualistisch vom Buddhismus her, den Besitz des eigenen Selbst und sie enthält sich völlig, wo sie nicht christlich orientiert ist, zur Frage des Gott-Mensch-Verhältnisses. Die Einsicht in die ekstatische Vernunft zeigt aber, daß alle Verhältnisse von der Art des Besitzes krank machen, ja, daß die Bewegtheit dieser Vernunft darauf abzielt, aus diesen Verklammerungen und Bindungen loszukommen. Deshalb haben auch gerade diese Bindungen etwas Heilloses, die die Bewegtheit des Pathischen, die immer den Grundbezug ausdrückt, durch die festgelegte und berechnete Bewegung zu versuchen. Hierzu gehören nicht nur alle Formen der Reproduktion, hierzu gehört auch die Eingliederung des Lebens unter die Arbeit und des Sichverstehens des Lebens als produktiven Arbeitsvorgang. Das Leben als einheitlicher Funktionskomplex mit evolutionär ansteigender Komplexität ist das Selbstbild einer die Produktion verherrlichenden Menschheit und gehört zu jenen Vorstellungen mißglückenden Daseins, das dem Menschen das Lebens zum nackten Grauen macht, einfach deshalb, weil hier Existenz, in Übersteigerung von Binswangers Formulierung, zum bloßen Funktionieren geworden ist.
Die heillose Veraffung im bloßen Hier und Jetzt hat also verschiedene Gesichter, zunächst die von Binswanger beschriebene existentielle Verelendung mit allen ihren Auswirkungen, sie zeigt sich aber auch in allen Formen der unbewegten Bewegung des reinen Machens, also jener Formen des reproduktiven und auch produktiven Lebens und den hieran orientierten Vorstellungen über das Leben. In diesen Lebensformen und Vorstellungen wird das Leben in Besitz genommen. In unzähligen Übergriffen wird es zum bloßen Brennstoff von Funktionen. Funktionen sind aber keine Steigerungen, sie sind Verödungen zum Weniger-als-Leben.
Hier ist Ethik kein Schutz spezieller oder allgemeiner Interessen, sondern die Haltung der sich erkennenden freien Vernunft, Freiheit, die, als richtig erkannte, nur als Geschenk empfangen werden kann, weiter zu verschenken. Diese Einsicht strahlt ab auf das Verhalten und die Erkenntnis, ist also theoretisch und praktisch zugleich. Sie zeigt sich als jene dialogische Form, in der Erkennen und Handeln ein Austausch von Nehmen und Geben ist. Dieser auch für die Erkenntnis grundlegende Vorgang zeigt jeden

Erkenntnisvorgang als pathische Bewegung und damit als Ausdruck der Liebe. Von diesem Ausdruck, in dem Hingabe und Hinnahme von Erkenntnis deutlich wird, wird eine Physiognomie der Handlung und Erkenntnis möglich. Ekstatische Vernunft gibt hierbei Aufschluß über ihr pathisches Vermögen, ihre Hingabe- und Hinnahmefähigkeit, und gewinnt dabei Einblick in die eigene Verfassung. Dieser Blick in die eigene und fremde Tiefe der Existenz unterscheidet sich von den zudringlichen Blicken von Ontologen und Psychologen darin, daß er Blick aus der Tiefe heraus ist. Im Unterschied zur Indiskretion und zum Voyeurismus werden hier Wirklichkeiten in der Teilnahme am Wir mitgeteilt. Deshalb ist ekstatisches Existieren nur in einer Begegnung möglich.

IV. Annäherungen an die Utopie
1. Die konkrete Utopie

Der vorliegende Text macht sich das Heimweh ohne Heim zum Motto, um diesen Zusammenhang zu vergegenwärtigen, der in den Anfängen der abendländischen Philosophie selbstverständlich war, der aber heute unverständlich geworden ist, der Zusammenhang von Selbstverstehen, Gesundheit und Heil. Wenn dieser Zusammenhang heute verloren scheint, so ist dies ein wissenschaftliches Problem, keineswegs ein privatlebensweltliches. Im lebensweltlichen Verständnis findet sich der Zusammenhang noch vor, ja es zeigt sich, daß ein Auseinanderbrechen von Gesundheit und Heil defizitär erfahren wird. In einer sinnlosen Welt wird auch Gesundheit nicht als solche empfunden und gelebt. Gesundheit kann nur als Teil eines umfassenderen Heils gelten. Das Heil wird im „Prinzip Hoffnung" gesucht. Dieses Prinzip erlöst sich aber nicht durch eine konkrete Erfüllung oder durch „konkrete Utopie", wie Bloch dies behauptet[218]. Der fatale Irrtum Blochs besteht in einem falschen Verständnis von Erfüllung als Aufhebung des Abstandes von Subjekt und Objekt. In dieser Aufhebung schlägt aber die Heimsuche des „Heimwehs ohne Heim" in Heimsuchung um.

Das ekstatische Sich-wissen als Wissen des Wissens übersteigt die Präsenz des Hier, Jetzt und Warum und eröffnet die Räume aus der Abgründigkeit seines Sich-wissens, in die es dann stürzt oder in die es sich wirft. Der Zusammenhang zwischen Sturz und Aufbruch ergibt sich aus der Verfassung des Wissens im Sich-wissen, nicht in sich gegründet zu sein und zu sich selbst nicht das Verhältnis des Sich-habens oder Sich-seins zu haben. Von dieser Besitzlosigkeit zeugen die Kategorien Raum, Zeit und Grund, es sind Kategorien, die, entgegen dem Kantischen Verständnis, nicht synthetisieren, sondern *dissoziieren*, also die Präsenz im unmittelbaren Hier, Jetzt und Warum aufreißen, zerreißen oder abstürzen lassen. Als solche sind die

---

[218]Bloch, 1959, 366f: „Der wesentliche Inhalt der Hoffnung ist nicht Hoffnung, sondern indem er eben diese zuschanden werden läßt, ist er abstandslos Da-sein, Präsens. Utopie arbeitet nur um der zu erreichenden Gegenwart willen, und so ist Gegenwart am Ende, als die schließlich intendierte Abstandslosigkeit, in alle utopische Abstände eingesprengt. Gerade weil utopisches Gewissen sich mit Schlecht-Vorhandenem nicht abspeisen läßt, gerade weil das weiteste Fernrohr notwendig ist, um den wirklichen Stern Erde zu sehen, und das Fernrohr heißt konkrete Utopie, gerade deshalb intendiert Utopie nicht einen ewigen Abstand von dem Objekt, mit dem sie vielmehr zusammenzufallen wünscht, als mit einem dem Subjekt nicht mehr fremden."

Kategorien Begriffe der Schwelle. Sie zeigen die Grenzen des Sichwissens in der Feststellung des Hier, Jetzt und Warum als notwendige Bruchstellen, an denen überhaupt erst ein Verhältnis zu sich hergestellt wird. Die Grenzen sind deshalb Schwellen eines Überstiegs in ein reflexives Verhältnis der Vernunft zu sich.
Für Bloch ist nicht der reflexive Charakter, Wissen des Wissens zu sein, ausschlaggebend, sondern im Gegenteil der präsentierende. Er sucht ein stabiles und homogenes Kontinuum von Entfremdungslosigkeit[219]. Utopie ist deshalb die Vorläufigkeit eines noch in der Entfremdung befangenen Wissens. Utopie als Heimsuche aus der Entfremdung erfaßt aber nicht die Öffnung des immer dissoziierenden Charakters der den Ursprung suchenden und auf den Ursprung führenden Begriffe. Seine konkrete Utopie ist deshalb nur der pragmatisch-kombinierende Verstand, der, wenn er sich selbst zur Vernunft erhebt, nicht nur alle Geheimnisse mit dem Bekannten verbindet, was eventuell noch als aufklärerische Leistung verständlich wäre, sondern den Wahnsinn der nackten Realität hervorruft.
Bloch hat die Utopie aus der Selbstbezogenheit der Vernunft heraus interpretiert und damit nur ihren Wahnsinn erklärt. Vernunft, wie hier gezeigt wurde, läßt jeden Bezug aus der Begegnung verstehen. In der Begegnung zwischen Ich und Mich, zwischen Subjekt und Objekt und zwischen dem Selbst und dem Anderen kommt es nie zu einer Unmittelbarkeit, zu einem Verschmelzen. Wie Erich Przywara es mit seiner Konzeption der „analogia entis" feststellt, „besteht keine erkenntnistheoretische noch ontologische Unmittelbarkeit"[220]. Verschmelzungsvorgänge sind vielmehr Vorgänge mißglückten Daseins, bei denen sowohl auf sich selbst als auch auf die Welt oder den Anderen ein Übergriff geschieht, der die Fremde zum Ungeheuer auswachsen läßt.
Die Annäherung an das Selbst, an die Welt und den Anderen nimmt zwar die Fremde weg und hebt Entfremdung auf, gleichzeitig ist aber diese Offenbarung der geheimnislosen Realität das Unbedingte und Bedingungslose, dem sich das Subjekt nur durch den Exzeß oder den Zwang entziehen kann. Im der Suche nach dem Heim wird die Aufhebung von Fremde, Entfernung und Geheimnis zur Heimsuchung durch Zwang, Wahn und Sucht.
Die Psychiatrie hat die Doppeltheit von Heimsuche und Heimsuchung deutlich gemacht. Wie Binswanger zeigt, schafft der Begriff einerseits

---

[219]Bloch, 1959, 367.
[220]Przywara, 1962b, 9.

Transzendenz, indem er, parallel zum Greifen[221], über das Selbst hinausgreift, andererseits ist hierin gerade die Gefahr des Sich-vergreifens und der Festsetzung in den Formen der Selbstgestaltung die zum „Mißglücken" der Existenz führen. Der Unterschied zwischen einem gelungenen Ergreifen und Begreifen und seinem Mißglücken, zwischen der Heimsuche und Heimsuchung, liegt darin, daß das Transzendieren des Begreifens mit der Adäquation und Identität von Subjekt und Objekt eigentlich ein Ende seiner Suche sucht. Jedes An-ein-Ende-geraten führt die Existenz in einen Realitätswahn und spaltet sie auf in die Transzendenz des Ergreifens und Begreifens und die Realisierung dieser transzendierenden Bewegung in einer Metaphorik der Starre, der mechanischen Wiederholung und der Nachäffung, der Pedanterie einer übergenauen Realistik[222].

Die Suche im Verstehen ist also Heimsuchung im doppelten Sinne der Suche und des Verfolgtwerdens. In der Aussage: Sokrates ist Mensch, Mensch ist sterblich, Sokrates ist sterblich, wird das Sein zum Gleichheitszeichen und stellt die Kontinuität zwischen zwei Identitäten her. Schon in dieser ungebrochenen Synthese findet eine Versachlichung statt, die auch zur Bedrohung und Heimsuchung werden kann.

Dabei spielt die Versachlichung die entscheidende Rolle, wie vor allem Binswanger, aber auch Gebsattel, Straus und Viktor von Weizsäcker im Weltverlust psychisch Kranker beobachtet haben. Ein ursprünglich utopisches und ekstatisches Sich-wissen wird zu einem starren, verstiegenen und verschrobenen und gibt jegliche Dimension des Scheins auf zugunsten einer unheilvollen Realistik, die zur Verdinglichung und Vereinsamung der Existenz führt. In der Versachlichung verschließt sich die Existenz in das Selbstverständliche des Realen. Hier findet sich der Einzelne eingesperrt in die formale Selbstgewißheit des „ausgeschlossenen Dritten" und schließt dabei nicht nur den Zugang zum Anderen ab, sondern auch den Zugang zu der eigenen ekstatischen Tiefe des Ursprungs, der Erinnerung und der Sehnsucht.

Der Zusammenhang zwischen dem logischen Prinzip des „ausgeschlossenen Dritten" und der Unfähigkeit der Bezugnahme auf nicht-präsentische Realitäten ist augenscheinlich. Nun ist aber gerade die Bezugnahme auf die Nicht-Wirklichkeit der eigentliche Akt der ekstatischen Vernunft. Diesen Bezug verwirklicht sie im Aufgeben und Zerstören vorläufiger Identi-

---

[221]Binswanger, 2/248f.
[222]Beipiele zur Verschrobenheit: Binswanger, 1/273ff; zur Manieriertheit: 1/341.

täten und der Realisierung von Verzweiflung, Ehrfurcht und Bewunderung. Damit ist aber nicht nur die Gewißheit identischer Gleichsetzung nach dem Prinzip des ausgeschlossenen Dritten überwunden, sie hat sich auch auf dieses Dritte hin geöffnet und sucht es als „eingeschlossenes Drittes" in das Spiegelverhältnis des Ich zu sich selbst einzubeziehen. Aus dem verzweifelten, ehrfürchtigen und bewundernden Sich-selbst-wollen und Sich-selbst-loswerden wird so ein Akt der Begegnung. Die ekstatische Vernunft läßt die Selbstfindung scheitern, um die Begegnung zu ermöglichen. Das Scheitern existentieller Selbstgewißheit erweist sich als Ausgang aus der Geborgenheit und Geborgtheit vorläufiger Selbstbilder. Die damit geschaffene Möglichkeit der Begegnung kann nur zwischen entbundenen und freien Subjekten stattfinden, solchen Subjekten also, deren Selbstverständnis abgelöst ist von der Bedingung der Gleichsetzung, der Unmittelbarkeit und der Identität.

Menschliche Existenz kann sich nur in sich selbst versteigen, wie Binswanger es ausführlich beschrieben hat. Die Verstiegenheit ist bereits statisch, da das Versteigen den paradoxen Wunsch der Selbststabilisierung hat. Statische Vernunft hat damit immer noch eine Eigendynamik, eben eine verstiegen-gesteigerte, aber nur innerhalb der abstrakten Umgebung fixierter Zeit-, Raum- und Grundvorstellungen. Die Schwelle zum Anderen kann nicht überschritten werden, weil die Schwelle zur Grenze geworden ist. In dieser Umdeutung der Raumschwelle zur Raumgrenze, der Zeitschwelle zum Zeitverlauf und der Grundschwelle zur Grundfolge liegt die Wandlung zum pathologischen Vernunftverständnis. Die Transzendenz wird dabei zu einer totalitären Immanenz eingeebnet, die Unendlichkeit der Begegnung und Selbstbegegnung wird zur Totalität der Definitionen und ihrer Konfrontation.

Alle totalitären Systeme legen es darauf an, die Kluft zu überbrücken, die zwischen dem Ich und dem Anderen liegt und die erst eine Begegnung möglich macht. Statt sie als innere Differenz zu erhalten, werden Lösungen zur Vereinheitlichung gesucht. Dies geschieht durch die generelle Methode, den Anderen oder das Andere als vereinnahmbar zu betrachten. Die Gründe und Motive solcher Vereinheitlichungen sind vielfältig. Während es im Denken darum geht, die Homogenität des Weltbildes zu festigen, liegen im Handeln Machtinteressen vor, die Differenz zu zerstören und die Andersheit zu vernichten. Der Andere wird in seiner grundsätzlichen Transzendenz nicht beachtet und geachtet. In der Vereinheitlichung dieser

Differenz liegt ein Verfall des Verstehens und Handelns vor, bei dem die Vernunft ihre Schwellenerfahrung zu einer Grenzerfahrung macht.

Die Ideologie der Aufhebung von Entfremdung legt in ihren Begriffen von Annäherung und Verschmelzung die Kategorien Raum, Zeit und Grund als sachliche Kategorien zugrunde. Im sachlichen Verstehen werden diese Kategorien voneinander abgetrennt. Dabei stellt sich das Wissen gegen das Erleben und läßt es in einzelnen Augenblicken und Intuitionen verschmachten. Der Abschied, den das Selbst ununterbrochen vollzieht, wenn es die Zeit vom Grund trennt, ist kein Problem der Vergänglichkeit des Lebens, sondern der Statik der Vernunft[223]. Auch der Raum ist kein zeitloser und präsenter Kasten, sondern ist zur Zeit und zum Grund hin offen.

In dieser Sachlichkeit sind die Kategorien getrennt und fungieren als einzelne und autokrate Formen des Wissens. Die Trennung steht im Dienste und im Zweck der Verschließung des Selbst in seine identifizierbaren Inhalte. Das Selbst schließt sich hier in seine Verzweiflung ein, statt sie ekstatisch auszulegen, wie dies in der Einheit des Zeit-, Raum- und Grundbegriffes möglich ist.

Die Einheit von Zeit, Raum und Grund dagegen zeigt sich an den Möglichkeiten des Mitwissens. Der Raum wird nicht statisch, sondern in der Bewegung des Durchganges erfahren. Raum ist darin ekstatisch, daß er Eingang, Ausgang und Durchgang ist. Dies sind bereits seine zeitlichen und gründenden Komponenten. Sein präsentischer Charakter, wie er geometrisch und alltäglich vorgestellt wird, ist demgegenüber nicht nur in seiner Statik ausmachbar, sondern hat darüberhinaus auch nur den Modus des Wissens. Der Raum wird nicht als Raum gewußt, sondern ist nur Raum.

Die gewußte Raumerfahrung macht den Raum auratisch (Klages, Benjamin) und bezieht darin das Hier des Jetzt auf seine Vergangenheit und Ursprünglichkeit. Auch hier ist wieder der Standort des Selbst ausschlaggebend: Im geometrischen Raum ist das Selbst immer außen vor, auch wenn es sich in einem Raum befindet; es schaut auf den Raum. Der auratische Raum ist Teil des betrachtenden Selbst, es schaut in ihn hinaus, aber es schaut dabei in sich hinein, indem es den Raum als von sich ausgehend erfährt. Hierbei ist der Raum zugleich zeitlich, es ist auch die Geschichte seines Erfahrenwerdens.

---

[223]Grätzel, 1993, 59ff.

In der Einheit des ekstatischen Kategorien ist deshalb der Raum auch Entfernung. Hiermit ist aber nicht der Abstand zweier Punkte gemeint, sondern das vom Subjekt vollzogene Raum- und Ferne-schaffen. Räume werden so errichtet, ihrer statischen Ausrichtung geht die ekstatische voraus. Heidegger hat auf die Doppelbedeutung von Entfernung hingewiesen: Einmal ist es dieses in die Ferne Gehen, andererseits ist es Wegnehmen von Nähe. Die Ferne wird dabei nicht in einen schon bestehenden Raum hinein konstruiert, sondern von der Gegenwart aus entworfen und damit zeitlich gestaltet. Der gewußte Raum ist deshalb nicht nur bloße Entfernung, sondern auch Flucht und Entwurf, also Angst und Sehnsucht, Ursache und Ziel. Hier könnte man auch von einem zeitlich und ursächlich durchstimmten Raum sprechen, wobei aber wichtig ist, daß der Raum erst in dieser Durchstimmung entsteht und lebt.

Der neutrale Raum der Geometrie kommt erst als spätes Ereignis zustande, wenn das Entfernen abgeschlossen ist und die Entfernung feststeht. Erst dann fällt die Zeit und die Ursache aus dem Raum heraus, er wird zeitloser und grundloser Raum, der in seiner Eindimensionalität gleichzeitig und präsentisch ist und auch kein Woher und Wohin zu erkennen gibt. Die Abtrennung der Kategorien löst die Ferne auf und tilgt die Entfernung. Sie wird zum meßbaren Abstand. Der Effekt davon liegt gerade in der Dynamik der Annäherung, wie sie von Klages[224] und Benjamin[225] und auch von Heidegger in seiner „Tollheit auf Nähe"[226] beschrieben worden ist. Diese Dynamik versucht alles zu vereinnahmen und vernichtet dabei nicht nur den auratischen Raum, sondern die Dinge selbst. Auch hier ist eine Beschleunigung zu verzeichnen, da das Motiv wieder in der nicht ausgestandenen Verzweiflung zu sehen ist. Der oben schon angesprochene Zwang zur Wiederholung läßt die ekstatische Ausrichtung zu einer Exzentrik der Sucht werden. Das Zugreifen steigert seine Häufigkeit und Intensität mit zunehmender Erfolglosigkeit.

Die konkrete Utopie ist wie der abstrakte Raum also zeitlos und auch grund- und ziellos, weil in ihr die Entfernung getilgt ist. Sie ist damit auch ausgeräumt und leer. In diese Leere hinein kann sie sich nicht mehr entrücken, sondern nur noch auf Gegenstände stürzen und mit ihnen verschmelzen, um von ihnen verfolgt zu werden. Utopie schlägt um in Wahn,

---

[224]Klages, 1981.
[225]Benjamin, 1963.
[226]Heidegger, 1979, 312.

wenn alle existentiellen Brüche, Übergänge und Schwellen wegideologisiert sind, sowohl im persönlichen als auch im wissenschaftlichen Bereich.

2. Das analoge Selbstverstehen der Vernunft

Die Vorstellung des Lebens als Sein-zum-Tode zeichnet eine Lebensbewegung von der Geburt weg zum Ende des Einzelnen ohne Rückkehr. Das Leben ist hier einseitig bestimmt als Fall, oder Sturz, noch nicht einmal als Wurf, wie es die „Geworfenheit" nahelegt. Es gibt nur ein Hin, kein Zurück. Alle Aussagen zu einem Zurück erscheinen spekulativ oder esoterisch. Die bisherigen Überlegungen haben gezeigt, daß eine solche Betrachtungsweise des Seins zum Tode von einem ungebrochenen, homogenen Existenzbegriff ausgeht, wie er für den Menschen nicht zutrifft.
Heideggers Begriff der Ekstase ist aus der Einsamkeit des geworfenentwerfenden, eigentlich aber stürzenden Subjekts heraus gedacht, Binswanger erweitert das Verständnis von Ekstase um den des grundsätzlichen Aspekts der Begegnung. Er erkennt die Konzeption eines Aufstieges ohne Rückkehr bereits als einen Spezialfall des eher pathologischen Weltbezugs der Verstiegenheit. Dabei stellt sich die Frage, inwieweit die Gewißheit des Todes als Grenze und Ende überhaupt die erstarrte Bewegung eines einseitigen Hin ohne Zurück des existentiellen Bewußtseins ist.
Wird der Tod von der Gebrochenheit der Existenz gedacht, dann ergibt sich ein anderes Bild von Vergänglichkeit und Kontingenz des Existierens. Nicht allein im Zulaufen auf Horizonte offenbart sich Existenz, sondern auch im Zurückkommen. Ein Bewußtsein, das im Mitwissen seiner Bewegung alle Erscheinung vor ihrem Hin und Zurück erfaßt, vermag den Tod nicht als Grenze und auch nicht als „eigenste Möglichkeit" zu erkennen, es sei denn beim Zurückkommen von der als Überschreiten der Schwelle gewußten inneren Gebrochenheit und des Zerbrochenwerdens, wie es allein in der ekstatischen Selbstgewißheit geschieht.
Eine ekstatische Bewegung ist nicht eine Bewegung von einem Punkt auf seine Grenze, sein Ziel oder sein Ende hin, sondern auch das Zurückkommen von diesem Punkt, der ja ein Ort im Nirgendwo, eine Utopie ist. Dies gilt auch für den Tod. Auch der Tod ist eine Utopie, unsere Kenntnis von ihm beschränkt sich auf die faktische Feststellung, von der, wie für jedes

andere Faktum einer Sachlichkeit, gesagt werden kann, daß sie die existentielle Bedeutung nicht angibt. Die Darstellung der Ekstase, die genau diesen Mangel herausgestellt hat, verlangt ein anderes Wissen vom Tode als das faktische, sie verlangt das ihm angemessene Wissen als Utopie und Ekstase.
Ekstase und Utopie beziehen sich aber nicht nur auf den Tod als Ende, sondern genau so als Anfang. Der Tod beendet nicht das Leben, sondern erneuert es, er ist nicht nur Ausgang, sondern auch Eingang des Existierens. Auch wenn diese Sichtweise zunächst nur für das Leben in seiner Allgemeinheit zuzutreffen scheint, da sich das einzelne Individuum von dieser Erneuerung durch seinen Tod nicht betroffen glaubt, so wird in der ekstatischen Erkenntnis der Vernunft diese Allgemeingültigkeit auch für das einzelne Selbst bedeutsam, da es sich nicht mehr als umgrenzte Einheit versteht und sich darin verdinglicht. Diese schon von Schopenhauer angedeutete Auflösung des principium individuationis in der Vision der Unsterblichkeit gilt es nun gerade für das Wissen des Einzelnen in seiner höchsten Individualität nachzuweisen.
Die Vernunft, die das lebt und ist, als was sie sich auslegt, errichtet genauso ihre Mauern, hinter denen sie sich einsperrt, wie sie diese Mauern wieder auflösen kann. Auch als eingesperrte Vernunft bleibt sie ekstatisch, wenngleich nur in der Einseitigkeit des Exzesses, also des bloßen Hin. Hierbei entwickelt sich ein Konflikt, der die Anzeichen der Erkrankung aufweist: eine Ekstase ohne Transzendenz, eine Liebe ohne Gegenliebe, eine Erkenntnis ohne Erkanntsein, eine Gerechtigkeit ohne Recht und Würde, ein Leben ohne Gelebtwerden, ein Bewegen ohne Bewegtsein. Diese Reihe, die sich beliebig weiterführen ließe, dokumentiert die Einseitigkeit des bloßen Hin ohne ein Zurück eines begegnungslosen Verlaufes. Das bloße Hin ist ein reines Es-geschehen, das, vergleichbar dem mechanischen Verlauf, in sich befangen und anonym bleibt. In dieser Anonymität ist kein existentielles Leben möglich. Kein Mensch vermag dem Leben als Es zu begegnen, ohne von diesem Es heimgesucht zu werden. Die Anonymität des Es-Geschehens ist schon die Heimsuchung, die aus der Heimatlosigkeit der Existenz das Unheimliche und Ungeheuerliche macht.
Die Begegnung mit dem Leben als Es-Geschehen ist unheimlich, wie gerade auch die Psychoanalyse weiß. Das Leben wird hier von der Anonymität seiner eigenen Auslegung erfaßt, so daß es als bloßes, bei Schopenhauer oder Darwin noch durch Brutalität bestimmtes Geschehen erscheint.

Wie keine Kreatur in dieser Anonymität leben, noch überhaupt entstehen könnte, so ist auch für die menschliche Existenz die dialogische und damit gegenseitige Form der Begegnung ausschlaggebend. Hier liegt die Grundsituation eines Angerufenseins oder Bedeutetseins in jedem Moment des Lebens. Jeder Moment ist Begegnung, und zwar keine Begegnung mit einem unheimlichen Es, sondern mit Dingen, Menschen Fakten usw. Diese sind, gerade weil sie Begegnungen sind, nicht selbstgenügsam, wie gezeigt wurde, und verweisen damit immer über sich hinaus und auf sich zurück. Als Begegnungen sind sie nicht nur ein Hin zu, sondern auch ein Zurück von, und zwar gleichzeitig. Durch das gleichzeitige Zurück kommt es zu keiner Intransitivität des Geschehens des bloßen Es, das das Leben als mechanische Bewegung darstellt.

Erkennen als Begegnung ist immer durch das Angerufensein charakterisiert. Der Anruf ertönt in der Reflexion, im Zweifel, in der Verzweiflung, der Ehrfurcht und Bewunderung, in den Formen also, die hier als ekstatisches Bewußtsein herausgestellt wurden. Die in diesen Anrufungen erfolgende Erschütterung hebt aber den Einzelnen aus der Anonymität seines bloßen Lebens als Nur-Geschehen heraus und weitet den Raum der Begegnung, in der das eigene Selbst erst gefunden werden kann. Erst im Hin und Zurück offenbart sich die Ganzheit des Geschehens als bedeutendes und angerufenes.

Indem sich das Leben des einzelnen nicht nur als Geschehen, sondern als gerufenes und bedeutendes Geschehen entdeckt, wird ihm die Suche nach dem Du des Rufers zur existentiellen Grundaufgabe. Der Ruf dringt durch alle Dinge und Fakten hindurch. Sie werden zu Symbolen, zu Spuren oder Bildern, die die faktische Anwesenheit zur ungenügsamen und überschreitenden macht. Indem die Spuren und Bilder Anrufungen innerhalb des Faktischen sind, die als bloße Fakten nicht genügen, rufen sie die Suche nach dem Ursprung hervor. Diese Suche löst die Erforschung der Dinge, der Fakten und ihrer Zusammenhänge aus. Wissenschaftliches Forschen hat hier seinen Ursprung und seine immer bleibende Bestimmung und Aufgabe, es bleibt, wie Husserl gesagt hat, das Grundbedürfnis von Wissenschaft[227].

Indem das Forschen und Suchen in den Fakten und Dingen, im Anderen und in sich selbst letztlich eine Suche nach dem Ursprung des Anrufes ist,

---

[227]Husserl, 1976.

kommt es zum Überschreiten der selbstgenügsamen Wirklichkeit des Faktischen. Das Faktum wird zur Spur, zum Bild und zum Gleichnis einer anderen Wirklichkeit, der nun die Suche gilt. Da diese Wirklichkeit sich nur in den Bildern widerspiegelt, die das Faktische selbst sind, also wirklichen Begegnungen, wird die Suche zur Analogie. In der Analogie sucht das Wissen anhand des gegebenen Topischen der Spur das Utopische.
Diese ekstatischen Übergänge und Brüche mit dem bloß Faktischen sind in ihrer Unterschiedlichkeit der Verzweiflung, Ehrfurcht und Bewunderung beschrieben worden. Sie haben sich gezeigt als Formen eines Dialogs mit dieser unbekannten Wirklichkeit. Das Forschen gilt also der Lichtung der Anonymität des begegnenden Faktischen, nicht seiner Definition. Die Forschung wird zur Suche nach dem Anderen. Dieses Andere im Faktischen ist nicht selbst wieder faktisch. Deshalb hält die Vernunft nicht an der Selbstgenügsamkeit des Faktischen fest, sondern geht reflexiv auf sich selbst zurück, um in der Reflexion die Bedeutung des Faktischen zu erfassen.
In diesem Rückgang der Reflexion auf Verzweiflung, Ehrfurcht und Bewunderung läßt die Vernunft das Faktische transparent werden. Das Faktische wird zum Spiegel der sich verstehenden Vernunft. Die in der Verzweiflung, der Ehrfurcht oder Bewunderung gebrochene Faktizität bleibt als Mitwissen dem Faktischen erhalten. Selbst der formale Bezug vom Typ $A=A$, der das Faktum als solches zu nehmen scheint, ist von dem analogen Prozeß der Verähnlichung bei zunehmender Unähnlichkeit[228] abhängig. Wie schon Schelling wußte, besteht ein unendlicher Abstand zwischen dem ersten A und seinem Wissen als Gleichheit und Identität im zweiten A[229]. Selbst die Identität kann das Mitwissen als gebrochene Faktizität nicht ausschließen. Deshalb ist die Formel $A=A$ zugleich auch die Gewißheit, daß es keine Identität geben kann. Das A kann nämlich nur in der Entfaltung eines Vergleiches, also auf der Basis der Ungleichheit, identifiziert werden. In der analogen Annäherung offenbart sich immer mehr die Ungleichheit. Das Wesen der Analogie ist also nicht die Identität oder die Einheit eines Bildes mit seinem Vorbild, eines Wesens mit seinem Ursprung, sondern die Erkenntnis des Unnahbaren in der Annäherung.
Die Gebrochenheit des Faktischen, die sich in den ekstatischen Bezügen der Vernunft offenbart, verbietet die faktische Annäherung eines $A=A$.

---

[228]Przywara, 1962a, 368ff.
[229]Schelling, 4/37ff.

Gleichzeitig aber bietet sie die analoge Annäherung an, in der das Bild-sein des Vergleichs (A=A) bestehen bleibt und nicht zugunsten einer Identität verschwunden ist.
Deshalb ist der Status des Bildseins der Vernunft grundlegend für ihre utopische und ekstatische Ausrichung. Indem sie sich in ihrem Bild-sein erfaßt, überwindet sie die Anonymität des Es, wie sie im bloßen und selbstgenügsamen Faktum beschlossen ist. Im analogen Erfassen schreitet dabei die Vernunft von dem bloß reflexiven Status des A=A zur Bildhaftigkeit und Symbolhaftigkeit des Lebens. Das Mitwissen im Wissen, also das Wissen um die Gebrochenheit des Faktischen, wird hier zum Bewußtsein der Wandlung allen Geschehens.
Diese Wandlung ist aber nicht zu verstehen im Sinne der Ablösung eines Zustandes durch einen anderen, sondern im Sinne der Erneuerung des Alten, also in dem Ineinandergreifen von Leben und Tod[230]. Deshalb ist die utopische Gewißheit der Vernunft gerade nicht frei vom Vergangenen, wie Bloch dies proklamiert. Die Utopie ist nicht todesfeindlich und todesverdrängend, sondern integriert den Tod in das Leben und kann gerade hierin das Leben vom bloßen Es-Geschehen abheben. Bloch, der mit seinem Utopiebegriff sehr nahe an Nietzsche herankommt, geht wie dieser von einem naiven Zeitbegriff der Vergangenheit des Vergangenen aus[231]. Es gibt aber keine Erlösung von der Vergangenheit, außer in der Wandlung des Gewesenen in Utopisches. Nietzsches bloßes „So wollte ich es, so habe ich es gewollt." wird ebenso von dem Unvergangenen heimgesucht wie jede konkrete Utopie eines Pardieses auf Erden. Gegen Nietzsche und Bloch gesagt, ist das Gestrige solange unvergangen, als es nicht im Morgen aufgehen kann. Eine Verweigerung dieses Aufgehens und Auferstehens macht aus der Utopie Raserei.

---

[230] Ulrich, 1973, 34: Die Einheit von Leben und Tod ist erst in einem Leben relevant, das nur insoweit 'es selbst' ist, d.h. lebt: als es auf die Seite eines anderen Lebens tritt, sich selbst verläßt, los-läßt! ... Nur das freie Leben weiß wirklich um sein Ende, weil es selbst-los sein kann, nichts 'für sich' zurückbehält. Zutiefst vom 'Neuen' betroffen: ist seine Hoffnung nicht nochmals auf es selbst zurückgebeugt, dem eigenen 'Natur-Gesetz' verplichtet. Sie reicht vielmehr mitten aus dem Dasein ins Ganz-Andere hinein."
[231] Blochs Polemik gegen die Psychoanalyse, und hierbei gerade gegen C.G. Jung, ist verräterisch für seine Empfindlichkeit gegenüber allem Unvergangenen im Vergangenen. In dieser ideologischen Absperrung gegenüber der Vergänglichkeit des Lebens und seinen Erscheinungen in Tod, Verrottung oder Krankheit liegt die größte Schwäche seine Utopiebegriffes.

In der Erkenntnis und dem Sichverstehen aus der Wandlung ist die Vernunft in ihr analoges Verstehen und Selbstverstehen eingetreten. Vergleichbar einer Initiation findet die zweite Geburt statt, die überhaupt erst die Geburt des eigenen Selbst ist. Die Phase der Geborgenheit in der Selbstgenügsamkeit des Faktischen ist zerstört und wird abgelöst durch die Entdeckung der Bildhaftigkeit der eigenen Existenz. Diese Überschreitung der inneren Gebrochenheit wird in der Mystik als ständige Wiedergeburt des Ich gesehen und damit zum eigentlichen Lebensvorgang gemacht. Denkt man an die „ständige Geburt" bei Meister Eckhart[232], dann wird hier die Fruchtbarkeit des Geistes deutlich, die, in ihrer direkten Anbindung an den Grund der Welt, der ständigen Erneuerung des Lebens gleicht. Der Tod verliert in der Überwindung seine anonyme Gewalt, die er in seiner bloßen Faktizität hat, und wird zur Utopie. Das Sein zum Tode kommt als Sein zum Leben zurück und wird in dieser Doppeltheit von Hin und Zurück zum intimsten Geschehen.

In der Erkenntnis der Wandlung erweitert sich die Reflexivität der Vernunft zur Utopie. Die Vernunft durchschaut die Durchdringung von Tod und Leben und erkennt hierin das Gleichnis ihres eigenen Geschehens. Sie erkennt sich in der Wandlung und als Wandlung des Lebens. Indem sie den Tod in seiner utopischen Gegenwart erfaßt, verliert für sie das Leben endgültig sein Es. Das Faktum ist zum Symbol der Wandlung von Leben in Tod und von Tod in Leben geworden. Es ist dabei zum Spiegel geworden, in dem die Vernunft sich selbst als verzweifelnde, ehrfürchtige und bewundernde Vernunft wiedererkennen kann. Die Ekstasen des Verstehens werden dabei in ihrer Einheitlichkeit gesehen, um die Analogie des Bildseins der Vernunft zu erhalten. Im analogen Sich-verstehen der Vernunft weiß der Einzelne sich als Bild, er weiß, daß das Bild-sein seine existentielle Realität ist.

---

[232]Meister Eckhart, 1/458ff.

Schluß

Ist im Vorwort davon die Rede gewesen, daß gemäß Kants Kritik der Vernunft die Fragen nach Seele, Ursprung und Gott zugelassen werden sollten, so müßte jetzt am Ende der vorliegenden Untersuchung diese Forderung verschärft werden. Eine bloße Toleranz gegenüber den unabweisbaren Fragen reicht nicht mehr aus. Es wird nötig werden, sie als unabweisbare Fragen verstärkt in den Mittelpunkt der philosophischen und kulturellen Auseinandersetzung zu rücken. Mit ihrer Verdrängung hat ihre Dringlichkeit einen pathologischen Zug angenommen. Der Positivismus hat in allen Bereichen des Lebens und der Kultur Einzug gehalten und damit das existentielle Problem des Fragens zu einem medizinischen gemacht. Die einzelnen Züge dieser Verschärfung, die sich schon im Existentialismus zeigen, werden heute eher in der individuellen Therapie aufgearbeitet als auf einer breiteren Kulturebene. Dabei sind die Möglichkeiten dafür in den interdisziplinären Ansätzen gegeben.

Wenn solche neuen Forschungsmethoden die alten Probleme wieder verstärkt angehen, dann sollte dabei aber nicht vergessen werden, daß die bloß historische Aufarbeitung oder semiotische Durchstrukturierung nicht ausreicht. Die unabweisbaren Fragen kommen aus dem Bewußtsein der Existenz und konstituieren hieraus die dramatische Situation überhaupt. „Wir alle spielen Theater", aber das Stück, das gespielt wird, ist letzlich die Auseinandersetzung mit der existentiellen Problematik des *Sinns*.

Doch auch eine bloß existentielle Behandlung ist nicht mehr ausreichend. Die Grenzprobleme in den Wissenschaften machen die Grenzfragen in einer ganz neuen Weise aktuell. Die Frage nach dem *Ursprung* muß in der Gentechnologie neu gestellt werden. Der Mensch greift hier so tief in die Natur ein, daß die Abweisung dieser Frage mit Verantwortungslosigkeit gar nicht mehr charakterisiert ist. Damit verbunden ist die Frage nach *Gott* ebenfalls auf eine neue Weise unabweisbar geworden. In einer mit früheren Versuchen nicht mehr vergleichbaren Weise wird der Wissenschaftler zum Schöpfer und muß sich die Frage nach der Bedeutung von Schöpfer und Geschöpf stellen lassen. Nicht zuletzt wird die Frage nach dem Lebensbeginn und dem Ende des Lebens bei Schwangerschaftsabbruch und Organtranplantation neu gestellt. Die zuletzt technischen Übergriffe auf intime Bereiche des Lebens waren nur im metaphysischen Schweigen möglich, doch die Frage nach den „letzten Dingen" wird mit dem technischen Fortschritt wieder dringlicher. So ist die Ethik des stillschweigenden Einverständnisses in Wittgensteins Schlußsatz des „Tractatus" nicht mehr weiterführbar. Wovon man nicht mehr schweigen kann, darüber muß man reden.

Literaturverzeichnis

Balthasar, Hans Urs von: Glaubhaft ist nur Liebe. Einsiedeln 1963.
Balthasar, Hans Urs von: Herrlichkeit III (Bd. 1, 2). Einsiedeln 1965.
Balthasar, Hans Urs von: Theodramatik I, Prolegomena. Einsiedeln 1973.
Balthasar, Hans Urs von: Theologik I: Wahrheit der Welt.
   Einsiedeln 1985.
Barth, Karl: Der Römerbrief (Zweite Fassung 1922). Zürich 1989.
Bataille, George: L'érotisme. Dt.: Die Erotik. München 1994.
Bataille, George: L'histoire de l'oeil, Paris 1967. Dt. in: Das obszöne Werk. Hamburg 1972.
Bataille, George: La littérature et le mal. Dt.: Die Literatur und das Böse. München 1987.
Bataille, George: La notion de dépense. La part maudite. Dt.: Die Aufhebung der Ökonomie. München 1985.
Bateson, Gregory: Ecology of mind. Dt.: Ökologie des Geistes.
   Frankfurt 1983.
Baudrillard, Jean: De la séduction. Dt.: Von der Verführung.
   München 1992.
Benjamin, Walter: Illuminationen, hrsg. v. S. Unseld. Frankfurt 1977.
Benjamin, Walter: Charles Baudelaire. Ein Lyriker im Zeitalter des Hochkapitalismus. Frankfurt 1974.
Benjamin, Walter: Das Kunstwerk im Zeitalter seiner technischen Reproduzierbarkeit. Frankfurt 1963.
Binswanger, Ludwig: Ausgewählte Werke in vier Bänden. Heidelberg 1992ff.
Bloch, Ernst: Das Prinzip Hoffnung. Frankfurt 1959.
Blondel, Maurice: L'action. Paris 1950.
Böhme, Gernot: Atmosphäre. Frankfurt 1995.
Bonaventura: De scientia christi, hrsg. v. A. Speer. Hamburg 1992.
Bradley, Francis Herbert: Appearance and Reality. A metaphysical Essay. Oxford 1930.
Buber, Martin: Das dialogische Prinzip. Gerlingen 1994.
Camus, Albert: Der Mythos von Sisyphos. Ein Versuch über das Absurde.
   Dt. Ausgabe hrsg. v. H. G. Brenner und W. Rasch. Hamburg 1989.
Cassirer, Ernst: Philosophie der symbolischen Formen. Darmstadt 1988 – 1990.

Dilthey, Wilhelm: Gesammelte Schriften. Bd. VII. Der Aufbau der geschichtlichen Welt in den Geisteswissenschaften. Göttingen 1992.
Dionysius Areopagita: Über die himmlische Hierarchie. Dt. Ausgabe hrsg. v. G. Heil. Stuttgart 1986.
Meister Eckhart: Werke, hrsg. v. Niklaus Largier. Frankfurt 1993.
Eliade, Mircea: Das Heilige und das Profane. Frankfurt 1987.
Foucault, Michel: Les mots et les choses. Dt.: Die Ordnung der Dinge. Frankfurt 1974.
Frankl, Viktor Emil: Logotherapie und Existenzanalyse. München 1987.
Freud, Sigmund: Studienausgabe, hrsg. v. Mitscherlich, Richards, Strachey. Frankfurt 1982.
Gebsattel, Victor von: Prolegomena einer medizinischen Anthropologie. Berlin 1954.
Gehlen, Arnold: Der Mensch. In: Gesamtausgabe Bd. 3. Frankfurt 1993.
Gehlen, Arnold: Philosophische Anthropologie und Handlungslehre. In: Gesamtausgabe Bd. 4. Frankfurt 1983.
Grätzel, Stephan: Die philosophische Entdeckung des Leibes. Stuttgart 1989.
Grätzel, Stephan: Organische Zeit. Freiburg 1993.
Grätzel, Stephan: Nietzsches Kinästhesie. Synthesis Philosophica 21 (1/1996).
Grätzel, Stephan: Verstummen der Natur. Würzburg 1997.
Hegel, Georg Wilhelm Friedrich: Phänomenologie des Geistes, hrsg. v. Johannes Hofmeister. Hamburg 1952.
Heidegger, Martin: Brief über den Humanismus. In: Platons Lehre von der Wahrheit. Bern 1954.
Heidegger, Martin: Holzwege. Frankfurt 1950.
Heidegger, Martin: Sein und Zeit. Tübingen 1967.
Heidegger, Martin: Die Technik und die Kehre. Pfullingen 1962.
Heidegger, Martin: Prolegomena zur Geschichte des Zeitbegriffes, Gesamtausgabe Bd. 20. Frankfurt 1979.
Horkheimer Max/Adorno, Theodor W.: Dialektik der Aufklärung. Frankfurt 1971.
Husserl, Edmund: Die Krisis der europäischen Wissenschaften und die transzendentale Phänomenologie. Den Haag 1976.
Jaspers, Karl: Philosophie (1-3). Berlin/Heidelberg 1973.

Johannes Scotus Eriugena: De divisione naturae. Nachdruck Frankfurt 1964. Dt.: Über die Einteilung der Natur, hrsg. v. L. Noack. Hamburg 1984.
Kant, Immanuel: Kritik der reinen Vernunft (KrV), hrsg. v. I. Heidemann. Stuttgart 1966.
Kant, Immanuel: Kritik der Urteilskraft (KU), hrsg. v. G. Lehmann. Stuttgart 1963.
Kierkegaard, Sören: Der Begriff Angst, hrsg. v. H. Rochol. Hamburg 1984.
Kierkegaard, Sören: Die Krankheit zum Tode. Gesammelte Werke, hrsg. v. E. Hirsch. Köln 1985.
Klages, Ludwig: Der Geist als Widersacher der Seele. Bonn 1981.
Kojève, Alexandre: Introduction à la lecture de Hegel. Dt.: Hegel. Frankfurt 1975.
Lévinas, Emmanuel: Totalité et Infini. Dt.: Totalität und Unendlichkeit. Freiburg 1987.
Lyotard, Jean-Francois: Beantwortung der Frage: Was ist postmodern. In: Postmoderne und Dekonstruktion. Stuttgart 1990.
Moser, Claudia: Die Erkenntnis- und Realitätsproblematik bei Francis Herbert Bradley und Bernard Bosanquet. Würzburg 1989.
Nietzsche, Friedrich: Sämtliche Werke. Kritische Studienausgabe, hrsg. v. Colli/Montinari. Berlin 1967-1977.
Otto, Rudolf: Das Heilige. München 1991.
Platon: Werke in acht Bänden, hrsg. v. G. Eigler. Darmstadt 1990.
Plessner, Helmuth: Die Stufen des Organischen und der Mensch. Berlin 1975.
Plotin: Schriften, hrsg. v. R. Harder. Hamburg 1956f.
Przywara, Erich: Analogia entis. Einsiedeln 1962 (a).
Przywara, Erich: Religionsphilsophische Schriften. Einsiedeln 1962 (b).
Sartre, Jean-Paul: L'être et le néant. Paris 1943.
Scheler, Max: Die Stellung des Menschen im Kosmos. Bern 1966.
Schelling, Friedrich Wilhelm Joseph: Ausgewählte Schriften, hrsg. v. Manfred Frank. Frankfurt 1985.
Schelling, Friedrich Wilhelm Joseph: Über das Wesen der menschlichen Freiheit. Schellings Werke, vierter Hauptband, hrsg. v. Manfred Schröter. München 1927.
Schiller, Friedrich: Über die ästhetische Erziehung des Menschen in einer Reihe von Briefen, hrsg. v. K. Hamburger. Stuttgart 1975.

Schleiermacher, Daniel: Der christliche Glaube, dargestellt nach den Grundzügen der evangelischen Kirche. 2. Aufl. 1830/31. Berlin 1960.
Schweitzer, Albert: Kultur und Ethik. München 1990.
Simmel, Georg: Rembrandt. Ein kunstphilosophischer Versuch. München 1985. Text folgt der Erstausgabe, Leipzig 1916.
Simmel, Georg: Lebensanschauung. München/Leipzig 1918.
Straus Erwin: Psychologie der menschlichen Welt. Gesammelte Schriften. Berlin/Heidelberg 1960.
Straus, Erwin: Die Formen des Räumlichen. Ihre Bedeutung für die Motorik und die Wahrnehmung. In: Heidelberg 1960.
Straus, Erwin: Behütende und verbergende Scham. In: Heidelberg 1960.
Straus, Erwin: Vom Sinn der Sinne. Heidelberg 1956. (1. Auflage 1936).
Theunissen, Michael: Der Andere. Berlin 1977.
Ulrich, Ferdinand: Homo abyssus. Einsiedeln 1961.
Ulrich, Ferdinand: Leben in der Einheit von Leben und Tod. Frankfurt 1973.
Weizsäcker, Viktor von: Der Gestaltkreis. Leipzig 1943.
Weizsäcker, Viktor von: Gesammelte Schriften. Frankfurt 1986ff.
Wittgenstein, Ludwig: Tractatus logico-philosophicus. Frankfurt 1963.